사회 초년생
후회하지 않는 직장생활을 위해
꼭 알아야할 것들

사회 초년생 후회하지 않는
직장생활을 위해 꼭 알아야할 것들

초판 인쇄 2015년 1월 15일
초판 발행 2015년 1월 20일

지은이 김재필
펴낸이 박찬후
삽화 강석민
디자인 김은정

펴낸곳 북허브
등록일 2008. 9. 1.

주소 서울시 구로구 구로2동 453-9
전화 02-3281-2778
팩스 02-3281-2768
e-mail book_herb@naver.com
카페 http://cafe.naver.com/book_herb

값 14,000원
ISBN 978-89-94938-20-2(13330)

사·회·초·년·생

후회하지 않는 직장생활을 위해 꼭 알아야할 것들

직 장 생 활   어 떻 게   시 작 할   것 인 가 !

김재필 지음

북허브

이젠 세계 초일류 기업이 된 삼성반도체에서 24년간 다양한 업무를 경험하고 삼성반도체의 변화와 혁신, 발전을 함께한 김재필 명장. 그는 초기에 많은 시련을 겪고 어렵사리 현장 엔지니어로 출발하였지만 현재는 대한민국 품질명장이자 회사 업무 혁신을 위해 끓임 없이 노력하는 현장 중심의 인재이다. 관련 업무 박사과정중이며 상장 기업의 중역으로 경영을 지원하며 지속적인 현장의 문제점과 개선 포인트를 발굴하여 실행하고 있는 인물로서 사회생활을 시작하는 가슴 뜨거운 이들에게 소망과 비전을 주기에 부족함이 없어 보인다.

김 명장은 자기를 이끄시는 분은 하나님이라고 고백하며 본인은 곁들여 작은 노력을 가했고 많은 분들이 잘 봐주고 도와주었을 뿐이라고 하지만 그 작은 노력이 하나씩 더해져 오늘날 김 명장이 있었기에 신입사원, 사회 초년생들에게 귀감이 되리라 생각되어 추천하기에 부족함이 없다.

필자는 직장에서 그리고 직업의 세계에서 스토리가 있는 스타급 직장인이자 현장 전문가로서 활동하고 있다. 삼성반도체 24년 재직중 최 일선 현장부터 관리 부분까지 수많은 분야의 층별, 포지션(Position)별 특성을 경험하고 이를 통해 얻게 된 혜안을 이 한 권으로 정리했다고 볼 수 있다.

이 책은 한 사람의 성공 스토리 또는 이력서라기보다는 우리가 현장에서 부딪히는 일들을 주로 담았다. 그리고 선배로서, 멘토로서 사회 초년생과 신입사원들에게 어떤 문제에 직면했을 때 이를 어떻게 다루고 실행하는지 알려 주고 싶은 내용을 가감 없이 정리한 것이다. 요즘 신입사원들은 스펙이나 역량이 뛰어날지는 몰라도 역량 뒤에 숨어 있는 인성과 가치관, 문제 해결 능력과 실행력 등을 점점 더 희박해지고 있는 추세라 생각된다.

우리는 언제부터인가 항상 디지털 세상과 교류하고 접목하고 있으며 이를 통해 많은 일들을 완성하고 또한 발생하는 문제를 쉽고 빠르게 대처해 나갈 수 있다. 그러나 많은 사람들이 현장을 잘 모르며 컴퓨터나 디지털기기 조작만으로 일을 판단하고 결정하며 해결하려는 모습을 보이기도해 안타깝다.

사회 초년생, 신입사원들이 이 책을 읽고 간접 경험을 함으로써 사회생활을 해 나가는데 필자나 여러 선배들의 바람직한 사회생활 모습을 자기의 사회생활에 일부라도 투사해 보았으면 하는 바람이다.

이 책은 총 4개 Part로 구성되어 있으며 각 Chapter는 생활하면서 자기와 조직의 가치를 만들어 내기 위해 무엇을 어떻게 할 것인가에 대한 나름대로의 방향을 제시한 것이다. 또한 마무리 부분에는 대한민국 대표 기업들의 품질명장님들도 실명으로 참여하여 새롭게 출발하는 후배들에게 그분들의 마음과 격려의 말을 아울러 담고 있다. 혹 그 회사에 입사하는 영예가 주어진다면 이 책에 나와 있는 품질명장님들께 맨토를 부탁드린다면 어떨까?

이 책은 책상에서 공부하여 얻어지는 지식이나 처세술이 아닌 현장에서 터득한 경험과 지혜, 삶의 진정한 모습을 전달하려는 의미가 있다. 사회 초년생이나 신입사원들이 지녀야 할 인성과 태도, 바른 가치관을 제시해줌으로써 실전에서 사회에 잘 적응할 수 있도록 엮은 자습서라고 할 수 있다.

김 명장은 오늘도 현장에서 품질 경쟁력을 높이는 일과 사회 초년생 및 후배사원 역량 강화에 열정을 쏟고 있다. 신입사원들이여, 그의 진솔한 이야기에 귀 기울여 보지 않겠는가?

직장 생태학 박사 이경환

프롤로그

어느 여름 우연히 위기에 처한 앳된 학생과 눈을 마주친 적이 있다. 세월이 흘러 오래 전 이야기이지만 이제 그만한 자녀를 둔 아버지이기에 그 이야기를 먼저 해 본다.

1980년 중후반 군 생활 시절, 휴가를 나와 사람들이 가득 탄 열차에 몸을 싣고 고향으로 가는 도중 열차가 다리 위에서 급정거한 일이 벌어졌다.

높고 긴 다리 위의 급정거로 인해 많은 사람들이 놀란 가운데 긴급한 방송이 흘러 나왔는데 한 사람이 열차에 치였다는 것이다. 그래서 급정거를 했기에 양해를 구하는 방송이었다. 갈아타는 열차였고 완행이었기 때문인지 열차는 칸마다 많은 사람들이 발 디딜 틈이 없었고 중간 칸에 있었던 나는 사람들을 밀치며 무슨 사고인지 창문 밖을 내다보았을 때 사람이 치인 것이 아니라 교복 입은 한 학생이 멀리 다리 위 목침에 대롱대롱 간신히 매달려 살려달라고 소리 지르는 모습을 볼 수 있었다. 열차 중간과 다리 위는 약 100미터 정도. 소년은 몹시 위험했고 구하는데 시간이 지체되면 안 되는 매우 위험한 순간이었다. 나는 그 학생을 보는 순간 사람들을 강하게 밀치면서 열차 끝 칸으로 이동하여 지체 없이 다리 위로 뛰어 내렸고 이와 동시에 밑이 훤히 보이는 높은 다리 위의 복침을 밟으며 소년에게 재빨리 뛰어갔다.

내가 시간을 지체해서 만약 아이가 힘이 빠지면 목침을 잡았던 손을 놓치게 될 것이고 손을 놓게 된다면 높은 철교 아래 그것도 철근이 삐쭉삐쭉 튀어나와 있는 콘크리트 바닥에 내동댕이쳐질 수밖에 없는 상황이라 망설일 틈이 없었다. 소년에게 다가갔을 때 그 소년은 '살려 주세요.'를 외치며 손을 놓지 않기 위해 안간힘을 쓰고 있었다. 나는 허리를 바짝 숙여 손을 잡고 단번에 그 소년을 끌어올려 무사하게 되었다. 그 소년은 다음 역에서 경찰에 인계된 것으로 이야기는 마무리 된다.

지금 그 소년은 40대가 되었을 텐데 어디서 무엇을 하고 있을지 궁금하다. 왜 그 친구는 굳이 좋은 길을 놔두고 위험한 다리 위 철로를 걸었을까? 아마도 자기 마을로 가는 지름길이 그 철로였을 거라고 생각해 본다. 어렴풋이 기억나는 것은 반대편에 마을이 있었고 그 철로를 건너는 것이 위험했지만 시간이 크게 절약되었을 것이라 생각된다.

다소 과한 비유이긴 하지만 소년의 이야기를 먼저 한 것은 소년에게 주어진 길은 여러 길이 있는데, 그것이 곧 자기가 가는 길, 선택한 길이 위험과 고통, 잘못된 길인지 모르고 가려는 많은 사람들, 특히 사회 초년생, 신입사원들이 힘든 취업문을 뚫었지만 맞닥뜨릴 사회는 소년이 처한 현실과 비슷하다고 느꼈기 때문이다.

사회 초년생이 마주칠 사회는 그리 만만한 것이 아니고 여러 가지 위기(위험과 기회)가 도사리고 있다. 그리고 우리 사회의 위기, 현장의 위기는 언제 어디서나 존재한다. 이 때문에 필자가 이야기 하고자 하는 주제와 내용은 사회 초년생이다. 그들은 기존 선배들, 멘토들한테 지금 이시간에도 '도와(살려)주세요.' 라고 말하는 것만 같다.

이제 겨우 취직한 많은 친구들이 1년 이내 퇴직률이 약 25%라 하니 사회 초년생, 신입사원의 문제는 대단히 심각하고 그것은 개인과 기업 나아가 사회에 심각한 영향을 초래할 것이다. 신입사원의 사회 부적응을 보는 필자의 시각은 열차를 피해 다리 목침을 잡고 살려달라는 소년이나 사회 첫발을 내디딘 사회 초년생이나 도움이 필요해 마음속으로 외치는 소리는 같다고 생각한다. 이 학생의 사례처럼 사회생활을 하는데 누구나 실수가 있을 수 있으며, 참기 힘든 고통을 맞아야 될 때도 있다.

이 책은 사회 초년생이 여러 가지 샘플(Sample)들을 간접 경험하여 사회 요소요소에서 직면하게 될 여러 가지 난제에 적응함으로써 이를 통해 시행착오와 리스크를 줄이자는데 목적이 있다. 이는 결국 개인뿐 아니라 조직에도 리스크와 로스를 줄이게 되고 그들이 행복한 사회생활을 하는데 조금이나마 보탬이 되고자 하는 마음에서 적어 보았다.

이 글은 특별히 공부를 한다고 해서 얻어진 지식적 내용이 아니며 필자의 확실한 성공담도 아니다. 하지만 직장생활의 다양한 포지션 (Position)을 경험하면서 필자의 눈을 통해 비춰진 사회 초년생들의 바람직한 사회생활의 자세, 태도 그리고 조직 내에서 필요한 역할, 마음가짐 등이 무엇일까 고민한 흔적이며, 회사 내외에서 후배들을 지도할 때마다 그런 느낌들을 모아놓은 내용이기도 하다.

일부이긴 하지만 이 책을 통하여 사회 초년생들이 자기 확신과 긍정, 그리고 미래의 밝은 모습을 제대로 보며 사회에 잘 적응하였으면 하는 바람이다.

필자가 보는 우리 사회의 바람직한 지표란 여러 우여곡절은 있겠지만 결국 우 상향할 것이라고 생각한다. 다만 느끼는 독자들 개인이나 주어진 상황, 주어진 일, 환경 하에서 즐겁게 그리고 열심히 임해야만 함께 우 상향 트렌드를 맛볼 수 있을 것이다.

사회가 우 상향을 지향한다고 해도 모든 개인이 우 상향으로 동행할 수가 없기에 각자가 처한 환경에서 즐기며 프로처럼 임해야 한다는 것이다. 모두가 같이 잘 된다는 것은 듣기엔 좋지만 현실은 다르며 말처럼 쉽지 않다. 우 상향의 사회를 기대하며 어떤 행위나 행동을 하지 않고 가만히 오기만을 기대한다면, 미안하지만 그런 사회는 우리를 더욱 동떨어지게 할 뿐이다.

컨설팅이나 업체 지도를 목적으로 국내외 기업을 방문해 보면 우리가 하고 있는 것은 이미 후진국들도 돈 되는 것이면 뭐든지 시도하고 있으며, 우리가 만드는 것은 거의 다 만들 수 있고, 더 싸고 빠르게 엄청난 규모의 스케일로 일을 해낼 수 있는 역량과 잠재력이 있다는 것을 보고 흠칫 놀랄 때가 한두 번이 아니다.

더욱 어려운 것은 기업의 부족한 부분(기술과 재원)을 그들 국가가 직·간접적으로 천문학적인 지원을 하기도 하며 혹은 핵심인력과 기술이 필요하면 수단과 방법을 가리지 않고 경쟁사에서 빼내 가기도 한다. 많은 전문가들의 의견에 필자도 공감하면서 더불어 크게 걱정되는 부분이 있다면 우리가 할 수 있는 일과 일자리가 점차 없어져 간다는 것이다.

1980년대 중반부터 1990대 중반까지 고도 성장기 때 우리나라는 일자리가 풍부했다. 그때는 우리나라 자체가 확장 일로를 걷고 있기에 대부분의 중소기업과 대기업은 그에 따라 대규모 인력 채용이 이어졌다. 지금은 어떤가? 대기업은 연구소, 초기 설립한 공장, 디자인, 설계 등 특별한 시설을 제외하곤 사업 규모를 키우고 확장 단계에 들어서면 해외로 진출한다. 부가가치가 없는 생산시설을 자국에 설립하거나 확장하면 회사가 경쟁력을 잃기 때문이다. 아니 그런 일들이 있다 하더라도 임금수준이 낮은 외국인으로 대체되고 있다.

부가가치가 높다고 해서 자국에 생산시설을 꼭 갖추고 있을 필요는 없다. 자국에 있으면 좋지만 어쩔 수 없이 해외로 나가는 기업이 많아지고 있다. 마케팅 요소 때문에 그리고 정치·외교적 요소로 그렇게 될 수밖에 없는 것도 다반사다.

우리나라에서 GNP가 가장 높은 지역이 울산시라는 보도가 있었다. 그 이유는 H사의 임직원의 소득이 높아 그런 통계가 나왔다는 것인데 우리나라 소득 1위의 지역에서 만들 수 있는 일, 제품을 이제 해외에서 약 70%나 생산하고 있으며 앞으로 이러한 현상은 더욱 가속화될 것이라 하는데 이견이 없다. 이것은 대규모 시장에서 세계 유수한 업체와 경쟁을 해야 하기에 어쩔 수 없는 현실이다.

이처럼 좋은 우리의 일자리가 줄어드는 현상은 아주 달갑지 않은 상황이다. 세계 1위인 반도체 산업도 마찬가지이다. 중국에서 양산하지 않을 것 같았던 우리나라 반도체 FAB도 벌써 몇 개 라인이 그것도 최첨단 기술로 가동되고 있다. 한 라인에 어림잡아 2천 명만 잡아도 벌써 수만 명의 종업원과 협력업체가 필요했을 것이다. 이밖에 타이어, 전자제품, 화학, 중공업, 조선 등 우리의 좋은 일자리가 앞다투어 해외로 나간지 오래다. 아마도 이것이 청년 실업의 근본적인 원인이 아닌가 싶다.

그러하기에 이런 힘든 취업의 문을 통과한 사회 초년생과 신입사원들에게 직장생활이 결코 만만치 않은 이유이기도 하다. 그럼에도 불구하고 이 책을 읽는 사회 초년생들은 녹녹치 않은 사회생활, 직장생활에서 부디 잘 적응하여 조직과 사회의 훌륭한 일원이 되길 바라는 바이다.

글을 쓰다 보니 웃기고 즐겁게 하는 가벼운 내용보다는 무거운 내용이 많은 것 같다. 부디 넓은 아량으로 이해를 구하고 싶다.

끝으로 이 책을 쓰게 하신 하나님께 가장 먼저 감사드리며, 책을 쓰는데 응원해준 삼성반도체 선후배님, 박찬후 사장님, 편집자 분들께도 감사드린다. 그리고 이 책을 읽어주시는 독자와 그들이 속한 가정, 사업장에도 큰 축복이 내려지길 기원한다.

김재필

Contents

어려운 입시를 가슴 졸이며 치러서 합격해 입학한 학교생활은 당장 취업에 전전긍긍하는 선배들을 보면서 미래의 내 모습에 투사하여 지레 겁을 잔뜩 집어먹고 학창 시절을 보내다가 드디어 그 어렵고 원하던 회사의 입사 관문을 거친다.

그러나 그 관문을 거쳤다 하더라도 여러분을 기다리는 것은 시험으로 평가하던 그런 생활이 아닌 복합적 사고와 판단 그리고 지혜와 지식이 요구되는 때론 운까지 있어야 하는 그런 사회조직이다. 어느덧 그런 선상의 틈바구니에 끼어있는 자기를 발견하게 된다.

이익을 못 남기게 되면 퇴출되는 기업의 특성상 신입사원도 자기 회사의 전략과 추진방향, 성취하고자 하는 내용 등에 자연스럽게 관심을 갖고 적응해야 한다. 회사는 학교가 아님으로 단기적으로나 중기적으로 가시적인 성과가 반듯이 있어야 하고 In put 대비 Out put도 있어야 한다. 그런 이유로 여러분이 채용되었기에 최대한 회사에 필요한 사람으로 빠르게 적응해 나가기를 회사는 원한다.

눈에 띄는 성과가 아직은 없더라고 다양한 것을 배우고 익히며 많은 사람들과 마주치고 싫건 좋건 적응하며 가능성을 보여 주어야 하는 것이다. 때론 어려움에 부딪히더라도 두려워하지 않는 씩씩함으로 이겨 나가야 한다.

여러분을 바라보는 선배나 상사, 또는 사용자들의 시선에는 신입사원은 참신하고 도전적이며 지치지 않고 새로울 것이란 기대감이 있다. 상사나 선배의 이런 기대는 때론 부담으로 다가오기도 할 것이지만 이때가 가장 좋은 기회라는 것을 알았으면 한다.

사회에 첫발 내딛기

나는 젊었을 때 정치에 뜻을 두고 여러 가지 쓰라린 일들을 많이 겪었다.
실패도 한두 번 한 것이 아니다. 그러나 굴하지 않고 걸어온 덕택으로 이렇
게 대통령이 될 수 있었던 것이다. 생각해 보면 내 인생은 일곱 번 넘어지
고 여덟 번 일어났던 것이다.

−프랭클린 루스벨트

1 Chapter

새내기들이여
힘차게 시작하자

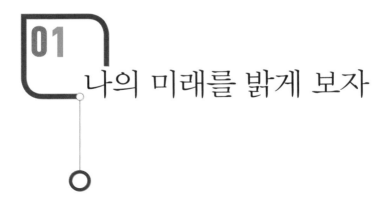

나의 미래를 밝게 보자

01

"When I look into the future, it's so bright it burns my eyes."

– 오프라 윈프리

삼성 재직 시 4개 마이스터 고등학교의 겸임교사 자격을 가지고 있었던 필자는 학생들에게 강의할 때 오프라 윈프리가 했던 말을 따라 하게 하곤 했다.

오프라 윈프리는 사생아로 태어나 아홉 살 때 사촌에게 성폭행을 당했고, 열네 살에는 미혼모가 되었으나 2주 후에 아들이 죽는 고통을 겪었다. 하지만 그녀는 한때 미국에서 가장 유명한 토크쇼의 진행자가 되었으며, 연예기획사의 사장이자 성공한 자선사업가로서 많은 사람들의 벤치마킹 대상이 되었다. 이런 험난한 과정을 겪었기에 오프라 윈프리의 말은 우리에게 강한 메시지와 감동을 준다.

오프라 윈프리가 그 어두운 현실 속에서 밝은 미래를 보고 살아왔다는 데서 필자도 큰 감동을 느낀 것은 물론이고, 오프라 윈프리의 말을 따라 읊는 학생들에게서도 공감하는 모습을 볼 수 있었다. 강의를 마친 다음 몇몇 간부 학생들과 면담을 했을 때 새롭게 각오를 다지는 학생들도 있었다.

그러나 현실에서는 많은 사람들이 자기의 미래가 암울하다고 생각한다. 그 이유는 무엇일까? 학업 성적, 가정문제, 인간관계, 가난한 환경, 더 나아가 기후나 환경 문제, 국제관계 탓일까? 아마 일부 영향을 받았겠지만 이 모든 것들이 원인이라고 말할 수는 없다.

자신의 미래를 밝게 볼 수 없는 가장 큰 이유는 바로 나 자신에서 비롯된다. 이 세상의 가장 단단한 감옥은 바로 나 자신인 것이다. 내가 나 자신을 밝게 볼 수 없다면 누가 나를 밝게 보아줄 것인가?

오프라 윈프리는 보통 사람들보다 열악한 환경에서 태어나고 자랐음에도 그녀의 말에서는 어둠을 찾아볼 수 없다. 노래에도 밝은 노래와 어두운 노래가 있다. 어두운 노래를 즐겨 부르는 가수들은 비록 무드는 있지만 공통점은 반드시 어려움을 겪었거나 어려움이 예고되는 노래를 부른다고 한다. 이미 그 가사 내용 가운데 어려움을 암시하는 내용이 녹아들고 있기 때문이다.

가수 송대관 씨의 예를 들어보자. 송대관 씨는 다른 가수에 비해 노래를 특별히 잘 부르는 것도 아니고 프로그램을 진행할 만큼 말을 잘 하거나 무대 위에서 강력한 카리스마를 내뿜어 관중을 매료시키는 그런 가수도 아니다. 연예인이지만 잘 생긴 것도 아닌 그가 익살 맞은 웃음을 지으며 '쨍 하고 해 뜰 날~' 하고 노래를 부르면 듣는 사람들은 기분이 좋아지고 왠지 밝은 것을 상상하게 된다. 밝은 노래를 부르면 기분도 밝아지고 마음이 행복해지는 것 같은 느낌이 들듯이 비록 어려움에 처해 있더라도 우리는 앞날을 밝게 희망차게 내다봐야 한다. 『원인과 결과의 법칙』이란 책에서는 우리가 바라는 것을 마음으로 생각하고 그것을 원하는 순간 공간과 우주의 에너지까지도 우리를 도와준다는 것이 이 책의 요지이다.

성경에서는 '믿음은 바라는 것의 실상이요 보지 못하는 것의 증거니(히 11:1)'라고 기록되어 있다. 나의 미래를 밝게 보는 것도 믿음이고 그러한 믿음은 나를 밝은 곳으로 인도할 것이다.

이제 막 사회에 첫걸음을 들인 사회 초년생들은 특히나 긴장되고 걱정이 앞설 것이다. 그렇다 하더라도 자신의 미래가 밝다고 생각하길 바란다. 자신의 눈과 마음이 밝아지면 자기 주변 그리고 우리 사회, 나아가 우리나라, 온 세상이 밝아지고 한층 좋은 일이 많아질 것이다. 우리나라 10~20대의 20%만이라도 미래를 밝게 본다면 나머지 80%의 주역이 될 것이며, 먼 미래에는 이들이 세계를 이끌어 나가는 귀중한 인재가 될 것이라 확신한다.

02 긍정을 노래하라

> 나는 젊었을 때 정치에 뜻을 두고 여러 가지 쓰라린 일들을 많이 겪었다. 실패도 한 두 번 한 것이 아니다. 그러나 굴하지 않고 걸어왔기에 이렇게 대통령이 될 수 있었던 것이다. 생각해 보면 내 인생은 일곱 번 넘어지고 여덟 번 일어났던 것이다.
>
> – 프랭클린 루스벨트

신체 장애인이 온갖 역경을 극복하고 대학에 합격하거나 성공했다는 눈물겨운 성공 수기를 들어본 적이 있을 것이다. 앞을 보지 못하거나 몸을 제대로 움직일 수 없는 상태에서 장애가 없는 사람들보다 더 나은 업적을 쌓기란 그리 쉽지 않다. 그들이 좌절하지 않고 성공할 수 있었던 가장 큰 요인은 긍정적인 사고와 행동 그리고 도전하는 삶이다. 만약 그들에게 긍정적인 마인드가 없었다면 절대 뜻을 이룰 수도 성공할 수도 없었을 것이다.

하물며 한 나라를 이끌겠다는 큰 꿈을 품었다면 긍정적인 사고방식이 얼마나 강해야 하겠는가? 어려운 상황에서도 긍정적인 생각을 가지고 공부를 해야 학습 능률이 오르고 마침내 목표에 도달할 수 있다는 긍정 학습법을 온몸으로 보여준 사람이 바로 미국 32대 대통령 프랭클린 루스벨트다. 제2차 세계대전의 영웅, 대공황 극복, 뉴딜 정책, 미국 최초이자 최후의 4선 대통령, 가장 성공한 대통령 등으로 일컬어지는 루스벨트는 긍정 학습법의 대표적인 성공 사례로 꼽힌다.

루스벨트가 갑자기 소아마비에 걸린 것은 1921년, 그의 나이 서른아홉 살 때였다. 전도유망한 젊은 정치인이었던 그는 '척수회백질염'이라는 후천적 소아마비에 걸려 두 다리를 움직이지 못하는 상태가 되고 말았고 그는 더 이상 공부를 하고 싶은 마음도 미래를 설계할 의지도 없었다고 한다. 사람들은 이제 그의 정치 생명이 끝났다고 수군거렸고, 그의 귀에 들리는 소리는 온통 부정적인 말뿐이었다. 그로 인해 루스벨트는 죽음까지 생각했지만 살아야 할 이유가 있다고 믿고 결국 마음을 다잡았다. 그는 웃는 얼굴로 사람들을 대했고 매일매일 걷는 연습과 운동을 게을리하지 않았다. 또한 두 다리가 멀쩡했을 때보다 책을 더 많이 읽고 공부도 더 많이 했다. 지식 공부, 인생 공부를 다시 시작한 것이다.

소아마비에 걸린지 3년만인 1924년, 그는 다시 정치 무대에 설 수 있었고, 1928년에는 뉴욕 주지사 후보까지 올랐다. "소아마비 주제에 무슨 주지사를 하겠다고…."라며 비아냥거리는 사람들도 많았지만 그럴 때마다 그는 뉴욕 구석구석을 돌아다니며 더 열심히 선거운동을 벌였다. 결과는 그의 승리였다. 차갑던 여론은 그의 편이 되었고, 하반신 마비를 극복한 그의 인간 승리는 국민들에게 큰 감동을 주었다. 뿐만 아니라 루스벨트는 한 번도 하기 어려운 대통령에 네 차례나 당선되는 영예를 누렸다. 많은 사람들은 그를 이렇게 기억한다.

'장애를 장애로 보지 않고 그 누구보다 당당하게 꿈을 이루어 낸 사람!'

두 다리를 쓰지 못한 루스벨트도 이럴진대 두 다리가 멀쩡한 우리는 어떤가? 머릿속에 부정적인 생각이 가득해 불평불만만 늘어놓고 있지는 않은가? 루스벨트의 이야기를 가슴 깊이 새기고 세상을 긍정적으로 바라보자.

회사 생활에서 바람직한 긍정 · 부정은 무엇일까?

① 무조건 긍정 : 매우 위험, 극단적 판단

② 강한 긍정 : 다소 위험

③ 보완적 긍정 : 다소 합리적

④ 중립 : 관망자, 관찰자

⑤ 보완적 부정 : 다소 합리적

⑥ 강한 부정 : 다소 위험

⑦ 무조건 부정 : 매우 위험, 극단적 판단

사회생활을 하면서 만나는 새로운 동료, 선배, 상사와의 관계 그리고 문제를 해결하려는 시도는 끊임없이 ①~⑦ 사이에서 일어난다.

회의를 할 때, 프로젝트를 진행할 때, 무언가를 결정할 때 ①, ⑦은 너무 극단적이며 좌나 우로 치우치기 쉽다. 거의 만장일치나 아니면 100% 확신을 가질 때의 모습이다. 상명하복의 모습이다.

하물며 경험과 과제수행 지식이 부족한 신입사원 입장에서 ①, ⑦의 발언이나 발표, 주장 등은 리스크가 있어 보인다.

②, ⑥도 역시 위험군이다. 물론 사안별로 다르긴 하나 대부분 100% 부정적이거나 긍정적인 일이 아닐 가능성이 많으므로 가장 바람직한 것으로 ③, ⑤를 추천하고 싶다. 사회생활을 하면서 이런 일들은 비일비재하다.

그래서 사람들이 어려워하는 것도 바로 ③, ⑤ 구간이다. 고민과 협의, 토론을 많이 해야 하고 또한 이성과 감성이 교차하는 구간이며 합리적인 소통을 통한 결론을 도출해야 하기에 피곤한 면이 있다. 반면에 ④는 대단히 쉽다. 의견 없이 침묵으로 때론 방관으로 일관하며 '모난 돌이 정 맞는다.'고 할까봐 눈만 깜박거리며 의견제시를 회피하는 사람도 있는데 별로 바람직하지 않다.

사람들은 토론과 복잡한 상황을 이해하며 결정하는 것이 어려워 때론 ②, ⑥으로 회피하거나 결정하기 쉽다. 지금의 정치권이나 선거판은 이슈(Issue) 사항만 발생하면 ①, ⑦로 승부하려는 모습을 쉽게 볼 수 있다. 필자 자신도 그리고 책을 읽는 독자들도 선입관에 의해서 이면의 진실을 보지 못해 ③, ⑤를 어렵게 생각하는 경우가 많다고 생각한다. 내가 속한 조직이나 단체가 그리고 사회가 진정 바람직한 모습으로 변화되고자 한다면 ③, ⑤를 지향하면 어떨까?

특히 사회 초년생인 신입사원은 선배나 동료 그리고 이웃 조직과 과감하고 솔직한 그리고 상호 보완적인 의사소통을 실천해 보았으면 한다.

03
직장생활 잘 하는 것이
가장 큰 재테크

사회 초년생에게 주는 메시지 중 재테크가 앞에 나온 이유가 있다. 소득이 생기고 이것을 제대로 관리해야 되기 때문이다. 그리고 처음부터 잘못 시작한 재테크는 두고두고 자신을 괴롭히기 때문에 먼저 나열하여 보았다. 그 만큼 사회생활에 있어서 중요하고 또한 알아야 함으로 비교적 서두에 언급하는 바이다. 우리나라뿐만 아니라 온 세계 사람들이 재테크 열풍에 휩싸여 있고 관련 서적도 봇물 터지듯 나오고 있다. 필자 또한 재테크에 많은 시간과 돈을 들이고 MBA

과정도 공부했지만 재테크는 오히려 직장생활을 하는 것보다 어려웠다. 오히려 참패한 경험이 많았던지라 사회 초년생이라면 성공 사례보다는 실패 사례를 간접 경험했으면 한다.

일례로 한 끼 점심 식사를 그와 함께하려면 무려 50만 달러를 지급해야 한다는 워런 버핏은 인터뷰에서 기자의 질문에 이렇게 말했다.

기자 : "회장님, 내년에 주식이 몇 포인트까지 올라갈까요?"
워런 버핏 : "그건 얘기해 줄 수 없습니다. 내 말이 맞다면 그것이 이미 꼭대기(고점)가 될 것이기 때문입니다."

투자의 귀재 워런 버핏도 그 결과를 정확히 알 수는 없었다. 아마도 점심값으로 50만 달러를 지급하는 사람에게는 어느 정도 귀뜸을 해 주지 않을까 상상해 본다.

필자는 좋은 회사에서 안정적으로 그리고 건강을 유지하며 차근차근 성장해 나가는 것이 가장 좋은 재테크이며, 자기 자산을 잘 지키는 것도 재테크라는 것을 나중에 깨닫게 되었다. 사회에 발을 내딛기 전에 돈에 대한 가치관을 정립하지 못하고 자신의 정체성을 잘 파악하지 못한 채 무작정 돈을 벌어 부자가 되겠다는 생각에 빠져 결국 대박을 좇는 한탕주의자가 있는가 하면, 부자들을 비난하고 자신의 처지를 비관하는 경우를 흔히 보아왔다.

재테크에 관한 책들이나 금융 전문가보다 지식과 언변은 부족하지만 직장인들, 특히 갓 취업한 직장인들에게 오랜 직장 선배로서 짧지만 인생의 경험자로서 간절히 부탁하는 말이기도 하다. 그러나 판단은 독자의 몫으로 남긴다.

직장인의 일곱 가지 재테크 요령

첫째, 첫 달부터 흑자 재정을 습관화하라. 기업뿐만 아니라 개인도 적자가 지속되면 감당할 수 없고 결국 부도가 나게 된다. 절약이 가장 쉬운 흑자 방법이다. 결국 지출이 많으면 적자가 쌓이고 적자가 쌓이면 파산하는 것이다. 파산은 법적인 파산뿐만 아니라 개인 간 불신을 낳는 것도 파산이라 칭하고 싶다. 돈은 버는 것도 중요하지만 쓰는 것이 더 중요하다. 아무리 많이 벌어도 하룻밤에 다 날릴 수 있는 것이 돈이다.

둘째, 중요하고 긴급한 돈 그리고 갚을 수 있는 돈이 아니면 절대 빌리지 말라. 빚이 언젠가 발목을 잡을 수 있다. 특히 사금융에 손을 빌리는 것은 대책 없이 사막 한가운데에 자신을 내던지는 것과 같다. 필자는 사금융에 손을 댔다 피해를 본 사람에게 돈을 빌려줘 본 적이 있고, 그로 인해 나도 직접 피해를 입은 적이 있다. 어쩔 수 없는 경우라면 전문가에게 충분한 도움을 받으며 진행하라. 단 이조차도 초단기(1개월 이내)에 갚을 능력이 없다면 도시락 싸들고 다니면서 말리는 바이다.

셋째, 감내할 수 없는 돈은 빌려 주지 말라. 돈뿐만 아니라 그보다 더 큰 것을 잃을 수 있다. 필자의 경우 돈을 빌려준 친구와 결국 절교한 경험이 있는 사람을 많이 봐 왔고 어린 학창시절 내가 가지고 있던 돈 전액을 빌려간 친구가 아직도 좋은 기억으로 남아 있지 않다. 심지어 같은 핏줄이라도 이런 일은 비일비재하다. 세상에서 가장 소중한 것이 생명이고 그다음이 돈이라는데 요즘은 돈이 생명을 살리는 일도 많다. 돈이 영혼을 살리지는 않지만 가끔 육신은 살리기도 한다.

그만큼 돈은 중요함으로 개인이 빌려줘서 감내할 수 있는 수준(못받아도 되는 금액)만 빌려준다. 회사 후배 중에 자기의 억대 퇴직금 전체와 신용융자를 내어 돈을 빌려갔던 친구는 현재 소식이 닿지 않아 지금도 그 빚을 후배가 갚고 있다. 돈이 우정을 가르고 마음을 가른다. 돈 때문에 친구와 동료 그리고 가족과 친척을 잃지 않았으면 한다.

넷째, 소모품과 사치품에 거금을 사용하지 말았으면 한다. 자동차와 TV, 보석은 대표적인 소모품이자 사치품인데, 이는 시간이 지날수록 급속히 가치가 하락하므로 어떤 사람에겐 필수품이지만 대부분의 사람에겐 사치품이라고 볼 수도 있다. 가급적 이런 사치품은 사지 말고 사더라도 분수껏 구매하고 최대한 오랫동안 사용했으면 한다.

특히 자동차는 직장인 새내기가 가장 크게 부담하는 소모품임으로 주의할 필요가 있다. 1990년 초부터 미국에 가끔 간 적이 있는데 그당시 우리나라와 달리 미국 직장인들은 보통 3000cc 이상 자동차를 몰고 다녔다. 필자도 미국에 가면 대형 자동차를 몰고 다녔는데 당시 기름값은 그 대형차에 가득 채워도 20달러 미만이었고 우리나라 환율도 당시는 강한 편이어서 별 부담이 없었다.

2008년 들어 미국 금융위기로 미국이 국가 디폴트 근처까지 가면서 200년 된 기업이 망하는 등 개인과 기업이 무수히 도산했다. 지금은 미국도 경차는 아니지만 예전에 볼 수 없었던 소형차들이 심심치 않게 거리에 보인다. 유럽은 둘이 타기도 어려울 정도로 작은 차를 선호한다.

나라별 소형차(1600cc 미만) 비율을 보면 프랑스는 80%, 일본 66%, 이탈리아 60%, 중국 49%, 영국 40%이며 우리나라는 33%이다. 독일이 우리보다 비율이 낮긴 하지만 소형차 기준이 다르며 미국은 19.6%로 우리보다 비율이 낮지만 국토가 넓은 이유로 장거리 운행에 대한 차량의 성능, 그리고 대형 자동차 회사들 간의 각축으로 자동차 가격 부담이 덜하다는 것이 별도의 사유라고 본다면 우리나라는 대형차 선호, 소형차 비선호가 너무 과하다는 통계치가 나온다(출처 : 한국 자동차 산업협회).

일본의 경우는 경차 제한(Limit)이 660cc이다. 우리나라는 1000cc이다. 필요에 의해서 차를 타는 것은 좋지만 직장인 새내기가 월급을 다 털어 차에 치장하는 것은 별로 보기에 좋지 않다. 직장생활의 대가를 그 고가의 소모품 구매와 관리에 소모시킨다면 개인의 자유니 할 수 없는 일이지만 이 소모품 때문에 개인 경제의 마이너스가 찾아올 가능성이 높다는 것을 말하고 싶다.

다섯째, 자기 자신에게 투자하는 것도 재테크다. 경쟁력을 갖추는 것은 미래를 준비하는 일이므로 그 효과가 몇 배, 몇십 배로 되돌아올 수 있다. 이는 자아실현을 위한 투자이며 또한 미래 자신의 가치에 큰 영향력을 미칠 수 있다. 피부병이 있었던 같은 부서 후배는 현장 근무가 어렵지만 마땅히 보직 이동이 안 되는 상황에서 고가의 수강료를 주고 개인 시간을 할애하여 주말에 설계 프로그램 과정을 마쳤고 마침 건설 및 플랜트 프로젝트가 있어 그쪽으로 직업(Job)을 전환할 수 있었다.

필자도 반도체 설비 담당에서 4년 동안 반도체 공학, 그리고 심리학, MBA를 추가로 공부하여 반도체 설비·공정을 두루 담당하면서 팀장을 했고 후일 기획부서에 속해 그동안 경험들과 노하우를 펼치며 회사에서 더욱 쓰임 받게 되었다. 자기 자신에게 끊임 없이 시간과 비용을 투자하면 머지않아 가장 확실하게 돌아올 것이다.

여섯째, 장기적으로 소액, 다(多)계좌 지수형 펀드를 들라. 우리나라가 계속 발전한다고 가정하면 그리고 세계 경제가 지속적으로 우상향으로 진행만 된다면 지수형 펀드는 적어도 우리를 실망시키지 않을 것이다. 최소한 은행보다는 나을 것이라고 생각한다. 그러나 이는 주식과는 차이가 있어 지키는데 중점을 둔 발언이다. 필자가 말려도 꼭 주식을 하겠다는 사람에게 권하는 방법이다.

일곱째, 주식에 직접 투자를 하지 않았으면 한다. 정 하고 싶다면 철저히 준비해 하되 하지 말라는 쪽으로 추천하고 싶다. 종자돈을 지키는 것은 버는 것보다 중요하다. 주식 투자를 하는 사람들, 주식 투자와 관련된 업종에 종사하는 사람들에게는 미안하지만 우리나라는 개인이 투자하기에는 너무 어려운 시장이다(물론, 주식시장이 주는 기업과 재화의 선순환은 긍정한다).

필자는 재테크 전문가나 금융 전문가는 아니지만 특별히 후배들을 위해 일곱번째 조언을 강조하고 싶다. 시골의사 박경철 씨가 쓴 책을 저자는 공감한다. 이 분은 나와 같은 의견을 피력했다. 아니 그는 펀드조차 권하지 않았다. 단순한 그의 이론에 냉소적인 사람들도 있지만 필자는 그의 의견에 100% 동감한다. 예측 불가능한 상황이 지속되는 데다 예측할 수 있다 하더라도 개인이 능동적으로 대처할 수 없는 환경에서 주식 투자로 돈을 벌기는 어려운 일이다. 투자 회사들은 장기 투자를 권하지만, 65년 전에 창업한 국내 10대 기업은 지금 하나도 남아 있지 않고 30년 전에 창업한 회사도 16%만이 살아남았다.

그래서 필자는 기업의 변동에 민감하지 않은 지수형 펀드를 권하는 것이다. 물론 내가 다닌 삼성전자는 주주들에게 엄청난 수익을 가

저다주었지만 상장기업 중 이런 기업을 골라내기란 그리 쉽지 않다. 증권사, 펀드 매니저는 주식 거래세, 즉 수수료를 챙기기 위해 인위적인 거래를 지속적으로 유발해야 하므로 투자자들이 결국 그들의 월급을 주고 있는 셈이다. 최근 사이버 거래 등으로 거래 수수료가 많이 낮아지기는 했지만, 증권사에게는 여전히 수수료가 가장 중요한 수익원 중의 하나다. 이를 갬블과 비교해 보자.

필자는 미국 연수기간 중 동료들과 휴일 시간을 이용하여 미국 리노, 라스베이거스에서 재미로 갬블을 한 적이 있다. 갬블이 법적으로 허용된 이곳의 갬블은 딜러(갬블 회사)와 나의 게임이다. 내가 루저가 되면 돈을 잃는 것이고 위너가 되면 회사가 나에게 돈을 지급하는 형식이다. 그러나 캘리포니아의 갬블 룰은 다르다. 갬블 회사들이 손님과 손님의 게임을 주선하고 서비스를 제공한다. 그리고 한 판에 적게는 1달러, 많게는 수 달러를 위너에게 떼어가니 단순히 장소 제공과 딜러 서비스로 갬블 회사는 연간 장소 크기에 따라 다르지만 수천만 달러의 수수료를 챙기는 것이다.

시간이 지나면 딜러 수수료 외에는 손님들에겐 남는 돈이 없다. 누군가 새로운 사람이 돈을 충전하지 않으면 언젠가 개인의 모든 돈은 딜러와 딜러를 관리하는 회사에 돌아간다. 극단적인 비교이긴 하지만 이것이 주식의 수수료 개념과 비슷하다고 말할 수 있다. 또한 주식은(개인적인 생각이긴 하지만) 근면 성실하게 저축한 종자돈을 단번에 날릴 수 있는 건전해 보이는 갬블일 수도 있다고 여겨진다. 열 번 중 아홉 번 성공하더라도 한 번 실패하면 모두 잃을 수 있는 것이 주식이기 때문이다. '리스크 관리가 재테크'임을 명심하자.

04

직장생활 하는데 알아두면 유익한 7가지 법칙

우리는 정상에 오른다는 목표를 항상 유념해야 한다. 하지만 산을 오르는 동안 펼쳐지는 무수한 볼거리 앞에서 이따금 멈춰 선다고 큰일이 날 것까진 없다. 이를 통해 지금까지 인식하지 못했던 사물을 발견해 보면 어떨까?

– 파울로 코엘료

지금 이 시간에도 무언가 변화가 일어나고 있다. 원하든 원치 안든 주변 환경은 끊임없이 변화하고 있으며, 아울러 시간은 쉼 없이 흘러간다. 우리도 가만히 있어서는 안 된다. 때론 순응하며 그러나 변화하거나 계속 달려 나가야 한다. 그러기 위해서는 이미 알려진 것들을 학습하여 시행착오를 줄여야 한다. 아니 최근 직장에서 CEO나 상사들은 시행착오 제로를 요구하기도 한다. 이미 알려진 법칙이긴 하지만 출시된 『세상을 움직이는 100가지 법칙』 중에 필자 입장에서 사회생활에 꼭 필요한 다음의 몇 가지 법칙을 선별하여 나열한다. 잘 숙지해 시행착오를 줄이고 자신을 더욱 우 상향으로 이끌어 갔으면 한다.

① 하인리히 법칙

잘 알려진 이 법칙은 우리 생활과 밀접한 관련이 있지만 대부분의 많은 사람들이 무시하며 살아간다. 그러나 나는 이 법칙을 거의 신봉하다시피 한다. 이것이야말로 사회생활의 기본이며 이 법칙을 이용하면 많은 일들을 미연에 예방할 수도 있다.

하인리히는 보험 감독관으로서 보험 사고의 원인을 분석하다 이 법칙을 만들었는데 최근 각 산업계 및 금융(보험), 환경 안전 분야에도 자연스럽게 이용되고 있다. 예를 들어 하인리히 법칙에 의해 교통사고의 원인적인 측면을 대입해 보면, 운전을 하면서 교통 신호를 300번 안 지켰다고 치면 스물아홉 번은 사고가 날 뻔하고 한 번은 사고가 난다는 것이다. 300번 위험한 순간이 있었다면 스물아홉 번은 접촉 사고가 나고 한 번은 대형 사고가 나서 세상을 뜰 수 있다는 이야기로도 만들 수 있다.

말이 안 되는 이야기 같지만 부부싸움을 매번 하는 사람은 점점 그 싸움이 커질 가능성이 있고 그중 한 번은 대형 싸움이 되어 수습하지 못할 지경에 이른다. 꼭 어떤 것에 대입해야 된다는 룰(Rule)은 없지만 사소한 것이 연속되면 심각한 것으로 변한다는 것이 요지이다.

사회 초년생의 회사생활에 빗대면 사소한 일을 그르치다 보면 결국 중대 사고를 칠 수 있는 여지가 생긴다. 또 산업 현장의 많은 장치는 BM(Black down Maintenance, 장치가 죽은 후 인지하여 이를 복원하는 것)이 잦을수록 품질 비용 중 실패 비용이 증가하는데, 이를 막으려고 각 현장과 기업에서는 PM(Preventive Maintenance)을 위해 각종 센서를 개발해 부착하고 풀 프루프를 시도한다. 이때 각 센서에서 보내는 신호를 분석하면 놀랍게도 하인리히 법칙과 어느 정도 매치된다는 것을 알 수 있다. 물론 결과의 수치가 하인리히 법칙과 다르더라도 문제가 안 되는 수준의 작은 일들이 빈번하게 발생하면 이후 큰일이 일어난다는 것을 예측할 수는 있다.

따라서 사회에 첫 발을 내딛는 사회 초년생들은 상기 법칙을 참고하여 작은 일도 예사롭게 보지 않는 시각을 가져보기 바란다.

② 파레토 법칙

이탈리아의 경제학자 빌프레도 파레토가 경제현상 등을 수학적으로 풀어낸 것을 후일의 경제학자들이 파레토 법칙이라 했다. 필자가 회사에 다니면서 가장 먼저 그리고 가장 쉽게 접하고 활용한 법칙이기도 하다. 이미 많은 사람이 알고 있는 20 : 80의 파레토 법칙은 처음 소득의 분배를 증명하는 데 사용되었다. 20%의 사람들이 부의 80%를 지배한다는 것이다. 최근 이와 상반된 롱테일 법칙이 등장하기도 했으나 여전히 파레토 법칙은 유효하다. 일개미의 20%는 죽을힘을 다해 일하고 80%는 왔다 갔다 논다는 것이다.

우리의 사회생활도 이와 마찬가지다. 특히 현장에서 작업하는 사람들은 불량의 원인 분석 · 제거, 행동의 우선순위 선정 등과 관련해 파레토 법칙을 이해하고 사용하면 합리적으로 일을 해 나갈 수 있을 것이다.

예를 들어 품질에서 불량을 유발하는 원인의 20%가 80% 수량을 차지한다고 표현할 수 있고 그리고 그 불량의 20%가 비용의 80%를 차지한다고 말할 수 있다. 실제 적용해보면 정확하지 않지만 많은 부분이 일치하고 그로 인해 한정된 자원으로 일을 해결하고 싶을 때 우선순위를 고려할 수 있다.

나의 업무나 일과 중 아니면 일반적인 상황에도 파레토 법칙을 이용해 무엇을 할 수 있을지 생각해 보자. 반드시 80 : 20일 필요는 없다. 포지션이 다를지라도 콘텐츠의 우선순위, 중요도를 가려내어 일을 한다면 합리적 · 효율적으로 할 수 있을 것이다. 당장 나만의 파레토 법칙을 주변에 적용해 보자. 나아가 나 자신의 일을 분석하고 발전시켜 보자. 다음과 같이 실습해 보면 도움이 될 것이다.

흥미 있을 법한 파레토 법칙 – 내 일상에 적용해 보기
• 개미 중 일하는 개미는 몇 %인가?
• 커피숍에서 가장 매출이 좋은 메뉴는 무엇인가? 몇 %인가?
• 회사의 구성원 중 일을 열심히 하는 사람은 몇 명인가? 몇 %인가?
• 내가 만드는 제품의 불량률의 원인은 무엇이며 그것이 차지하는 비중은 몇 %인가?
• 연간 클레임의 가장 큰 원인은 무엇이며, 비용의 몇 %를 차지하

는가?

- 내 친구들 중 부자라고 생각되는 친구의 수는? 몇 %인가?
- 선거 후보 중 1, 2위의 득표가 전체 후보자 득표의 몇 %인가?

③ 롱테일 법칙

몇 년 전 마케팅에서 파레토 법칙을 뒤집을 만한 법칙이 소개되었다. 바로 롱테일 법칙인데, 이 법칙은 N세대 · G세대에서 더욱 빛을 발한다. 최근에는 네티즌이 여론을 이끄는데 네티즌 한 사람 한 사람이 IT 기술로 인해 모이고 모여서 그 힘이 눈덩이처럼 커져 결국 이들의 매출이 80%를 차지한다는 것이 바로 롱테일 법칙이다.

20%가 세상을 주도한다는 파레토 법칙과 배치되는 것 같지만 롱테일 법칙은 파레토 법칙을 강조하고 파레토 법칙은 롱테일 법칙을 보완하는 쪽으로 향하는 것 같다. 즉 상호 보완적이고 의존적인 법칙이다. 예를 들어 인터넷 쇼핑몰의 경우 광고 사용자는 파레토 법칙을 따르고 매출은 롱테일 법칙을 따르니 지금 사회는 '파롱(파레토 + 롱테일) 법칙'이 주도하고 리드하는 시대인 것 같다.

그러니 사회 초년생들은 한쪽으로 치우치기보다는 냉정하게 현실을 판단해 파롱 법칙을 응용해서 자신뿐만 아니라 업무에 적용해 보면 재미있는 결과와 과정을 얻을 수 있을 것이라 생각한다. 한 면만 보지 말고 크게 확장하여 나무보다는 숲을 보고 융합적으로 생각해 보자.

④ 붉은 여왕의 법칙

『이상한 나라의 앨리스』에 나온 붉은 여왕의 법칙이다. 열심히 노력해서 이것저것 스펙을 쌓고 이 정도면 되었다 싶었는데, 다른 친구는 몇 개 외국어를 준비했고 내가 갖지 못한 특기를 뽐낸다. 아무리 발버둥 쳐도 이 세상은 나보다 빠른 속도로 나아간다. 『이상한 나라의 앨리스』에서 붉은 여왕이 말했듯이 끊임없이 변화하며 빨리 달려야 한다.

스마트폰 시장에서 이를 절실히 느낄 수 있다. 스마트폰은 노키아가 발명했으나 상용화에 눈을 뜨지 못해 애플에 주도권을 넘겼다. 그러나 이에 맞서 삼성이 소비자의 취향에 맞추어 수많은 제품을 쏟아내면서 경쟁에 가세해 절대 강자였던 애플의 스마트폰 시장을 잠식하고 있다. 불과 1년 전만 해도 애플의 아성을 넘볼 자가 없는 듯했지만 순식간 삼성이 글로벌 1위, 애플이 2위가 되었다. 삼성도 글로벌 1위를 굳건하게 다지는가 싶더니 한순간 다시 애플에 뒤지고 또한 중국 업체들의 맹추격을 받고 있다.

붉은 여왕의 법칙을 따라 한순간도 멈추지 않고 달려야 한다면 삶이 버겁게 느껴질 것이다. 그래서 필자는 지속적으로 뛰되 지속적으로 변화하라고 표현하고 싶다. 가치관과 도덕성은 유지하면서도 세상의 변화에 대응해 지속적으로 변화하라는 것이다. 내가 변할 것인가 세상이 변하는 것을 기다릴 텐가?

이제껏 진화하지 않은 모든 생명체 중 90% 이상은 멸종되고 말았다. 기업도 마찬가지다. 두 배 이상 뛰지 않으면 앞설 수 없고 변화하지 않으면 도태되는 세상이 되었다. 단, 그렇다고 너무 서두르지 말고 조급해하지도 말고 긴장하지도 말자. 주어진 환경 속에서 그날그날 최선을 다했는지 자신을 돌아보되 멈추진 말자.

⑤ 피그말리온 법칙

자기가 조각한 조각상을 사랑해 조각상이 인간이 되기를 간절히 바란 피그말리온. 미의 여신 아프로디테가 그의 소원을 들어주었으니, 피그말리온 법칙은 간절히 바라는 것은 이뤄진다는 것이다. 『원인과 결과의 법칙』(제임스 알렌), 『성공으로 가는 길 긍정의 힘』(웨인 W. 다이어), 『생각 혁명』(새뮤얼 스마일스) 등 많은 책들에서도 피그말리온 효과를 발견할 수 있다.

필자도 이를 경험했다. 해외여행, 학업, 삼성에서의 고속 승진, 신앙생활, 사람과의 관계 등이 그랬다. 내가 담당하는 잡(Job), 직위, 직책조차도 간절히 바라고 임하면 그대로 되었다.

승진은 동기들 중에서 가장 빨리 대리로 승진했지만 승진하자마자 부장 승진을 간절히 바랐다. 말단 사원부터 부장까지 한 번도 누락 없이 갈 수 있는 확률은 1%나 될까?(6Sigma의 RTY를 이용하면 알 수 있다).

『시크릿』이란 책에서 이야기한 끌어당김의 법칙처럼 내가 생각한 자리에 나도 모르게 가 있었다. 여러분은 피그말리온이 조각상에서 자기 여인을 얻은 것처럼 더 크고 값진 것을 바랐으면 한다.

⑥ 깨진 유리창의 법칙

"맥도날드는 해피 밀 장난감 때문에 무너졌다."는 말을 들어 본 적이 있는가? 필자는 여러 차례 미국에 갔었는데 시내의 좋은 길목이나 고속도로 휴게소에 맥도날드가 자리잡고 있는 것을 볼 수 있었다. 그러나 최근의 맥도날드는 눈에 띄게 외면 받고 있는 것 같다.

광우병, 비만 문제 등을 떠나서라도 왠지 맥도날드는 조금 멀어진 느낌이 든다. 그리고 맥도날드의 부족한 부분을 채우는 경쟁자들이 대거 등장했다. 이런 상황을 한 마디로 표현할 수 있는 것이 깨진 유리창의 법칙이 아닐까?

깨진 유리창의 법칙은 자동차의 창문을 깬 차와 깨지 않은 차를 방치해 두고 관찰했을 때 창문이 깨진 차의 파손 정도가 심해진다는 실험 결과로, 범죄의 발생 빈도 연구에 사용된 법칙이기도 하다. 이 법칙이 보여 준 결론은 나비 효과처럼 작은 일이 결국 큰일을 만든다는 것이다.

맥도날드는 세트 메뉴 주문 시 언젠가부터 고무 플라스틱으로 만든 장난감을 주었으나 가끔 장난감이 없거나 지급한 장난감의 품질이 형편없었다. 심지어는 로봇의 팔, 다리 등을 나누어 주었기 때문에 6~7세트를 시켜야 로봇이나 작은 모형 등을 완성할 수 있었는데 그마저도 별 볼품없는 모양이었다. 한 가지 부품이 없어서 조립을 완성하지 못해 실망한 아이들도 있었다. 그래서 맥도날드의 쇠락이 해피 밀세트(맥도날드 햄버거 세트를 주문하면 장난감이 지급되는 이벤트) 때문이라는 농담 섞인 이야기가 나온 것이다.

깨진 유리창의 법칙이 맥도날드의 해피 밀 세트와 연관 지은 것이 적합한지 모르지만 이 부분도 작은 일을 간과했을 때 향후 여기서 일어나는 일이 크게 파생된다는 의미로 표현하고 싶다. '깨진 유리창의 법칙'에서 마이클 레빈은 문제가 되는 직원을 해고시키라고 주장한다. 뉴욕시 지하철 범죄의 주범이 벽의 낙서라는 생각에 낙서를 지웠더니 범죄 발생률이 줄었듯이, 회사에서도 태만한 근무자를 방치하면 곰팡이가 번지듯 주변으로 전이되어 결국 회사가 망하게 된다는 것이다.

사회에 첫걸음을 내디딜 때 깨진 유리창 같은 존재가 되지 말라.

불필요한 곰팡이가 되지 않고 깨진 유리창이 되지 말고 긍정적인 생각을 갖고 도전하며 움직여라.

⑦ 역발상의 법칙

TV 「개그콘서트」를 보면 예상치 않게 배우나 가수가 등장해 웃음을 배가시킨다. 의외의 상황, 즉 역발상의 상황은 사람들을 더욱 웃게 만든다. 찰리 채플린은 바나나 껍질을 밟고 넘어질 때 어떻게 해야 관객이 더 즐거워할까 고민하다 바나나 껍질을 피하려다 하수구에 빠지는 설정으로 관중의 폭소를 이끌어 냈다. 관객은 당연히 바나나 껍질을 밟고 넘어질 것이라 생각하고 있었기 때문이다.

또한 다른 개그콘서트 '시청률의 제왕' 코너에서 시청률을 올리기 위해선 거의 180도 반전(역발상)을 하는 모습을 볼 수 있다. 역발상이란 개선하지 못하더라도 전체를 고칠 수 있는 방법 중 하나이다. 각종 영화도 마찬가지이다. 역발상 즉 반전 등이 없다면 별로 재미가 없다. 감독들은 끝까지 답이 없는 스토리에 반전에 반전을 가미하여 영화를 전개해 나간다.

사회 초년생이 사회에 진출하여 부딪히는 문제를 해결하는 데도 역발상이 필요하다. 요즘에는 평범한 생각에서 벗어나 뒤집어 보고 바꾸어 보고 덧붙여 보아 새롭고 낯선 것을 만들어 내는 역발상이 더욱 세련되어지고 있다. 러시아에서 시작된 TRIZ(창의적인 문제 해결 기법) 안에서도 역발상의 법칙은 그 빛을 발한다. 일본에서는 개별 개선, TPM 등 용어는 다르지만 동일하게 많은 기업들이 채택해 적용하고 있으니 관심을 가져보기 바란다.

'건강을 위해서만 산다.'고 하는 것은 어리석다.
'우리는 도대체 무엇 때문에 그토록 건강을 소중히 여기는 것인가?' 하고
반문해 보지 않으면 안 된다.
- 힐티

직장생활 어떻게
시작할 것인가?

SUCCESS

01

역경 지수는
성공의 바로미터

괴로움을 피하지 말라. 괴로움은 인생의 본질 중 하나다. 인생에 괴로움이 없으면 어찌 만족감을 알 수 있겠는가. 깊은 골짜기가 있을 때 산은 높은 법이다.

– 도스토예프스키

성공한 사람들과 성공하지 못한 사람을 비교해 보면, 지성 지수(Intelligence quotient, IQ)는 차이가 거의 없고 감성 지수(Eemotional quotient, EQ)는 다소 차이가 있는 편이지만 공통적으로 성공한 사람들은 역경 지수(Adversity quotient, AQ)가 높게 나타난다고 한다. 폴 스톨츠(Paul G stoltz)가 고안한 역경 지수는 역경에도 굴하지 않고 끝내 이겨내는 능력을 말한다.

국가도 마찬가지다. 이스라엘은 역경의 표상인 나라다. 신이 선택한 민족이었다고 하지만 고대에서부터 끊임 없는 강대국들의 침략, 애굽(현 이집트)의 400년 종살이, 사막에서의 방황, 그리고 바빌론 포로 생활, 주변국들의 침략과 멸망, 2000년 이상을 나라 없이 떠돌았고 근대에서는 나치의 희생양이 되어 600만 명이 학살당했으며, 나라를 되찾은 후에도 아랍권에 둘러싸여 지속적인 전쟁과 테러 위협, 그리고 국토가 사막에다 자원은 없는 나라. 그러나 오늘날은 어떤가?

수는 적지만 유대인은 전 세계의 정치, 사회, 경제, 문화, 과학에 가장 큰 영향을 미치는 민족이 되었다. 시온이즘이 그들을 오늘날로 인도하였다고 믿지만 그들 자신들이 머나먼 고난의 터널과 고통된 삶을 훈련과 체험으로 돌파하고 이를 극복함으로써 국가 역경지수가 높아졌다고 할 수 있겠다.

우연치 않게 우리나라도 비슷하게 잦은 외세 침략과 나라를 잃고 열강의 노예가 되다시피 한 역사가 오래되었고 열강의 전쟁터로 우리 국토가 이용되었으며, 자원도 별로 없고 이젠 분단국가이자 세계인의 관심이 없었던 나라가 지금은 어떤가? 1, 2차 세계대전 이후 정치, 경제, 사회 등 현재 우리 대한민국 발전은 가히 세계가 놀랄 만하다. 해외를 나가보면 우리가 얼마나 잘 사는지를 알게 된다. 곳곳에 붙어 있는 한국 기업들의 광고는 한류가 얼마나 강한지 알 수 있다.

필자는 아시아, 중동, 유럽, 미주 등 다양한 곳을 가볼 기회가 있었는데 독자들이 인정을 하던 하지 않던 우리나라는 비교적 안전한 가운데 잘 살며 윤택해져 있다는 것을 부인할 수 없을 것이다. 이러한 상황은 과거 우리 조상들의 피땀 흘린 역경의 학습과 극복, 어둡고

긴 터널을 건너온 선조들이 있었기에 오늘날 우리가 있는 것이다.

하지만 이런 현상 자체가 오히려 사회 초년생들에겐 핸디캡이 될 수 있지 않을까 우려하는 바이다. 요즘 취업 지망생들은 대부분 스펙이 화려하다. 대기업에 입사하는 신입 경력 사원들을 보면 전공 능력만 뛰어날 뿐만 아니라 외국 유학 경험에 어학 실력까지 갖추고 자격증도 화려하다. 하지만 이렇게 뛰어난 인재라 하더라도 어려운 일이 닥쳤을 때 풀어 나가는 능력과 지혜가 오히려 부족함을 느낄 때가 많다.

그 이유는 무엇일까? 그것은 바로 주어진 환경에서 답을 풀어내는 훈련은 잘 되어 있으나 예기치 못한 난관이 있는 정글과 같은 상황에서는 대처할 능력이 부족하기 때문에 그렇지 않을까 생각해 본다. 신입사원의 25%가 입사한지 1년 이내에 퇴사한다는 통계는 젊은 인재들이 어려움을 극복한 경험 즉, AQ가 부족하지 않았을까 라고 생각해 본다.

시험과 면접을 볼 때에는 훈련된 모범 답안을 쓰고 유창하게 대안을 제시하며 높은 점수를 받고 입사하지만, 막상 실전에서는 어려움을 극복하지 못하고 좌절해 결국에는 조기 퇴사를 선택하기에 이르는 것이다. 실전에는 표준화된 문제가 주어지지 않기 때문이다. 물론 이중 타사 합격이나 자신의 진로, 적성 등의 이유로 방향을 선회하는 사람도 있긴 하다.

그렇다면 이러한 역경을 극복하는 능력을 겸비하기 위해선 어떻게 해야 할까? 어려운 상황을 극복하고 회복하는 능력을 정신의학에서는 회복탄력성(Resilience)이라고 하는데, 이는 역경을 경험하고 극복하는 과정을 통해 습득된다는 것이다. 즉 고난 속에서 몸부림치며 노력하는 가운데 겪는 좌절과 스트레스를 통해 길러지는 힘이다. 그러나 역경을 거친다고 무조건 역경 지수가 높아지는 것은 아니다. 왜 실패했는지, 왜 고난을 겪었는지 진지하게 그리고 겸손하게 자기 성찰과 복기를 거치면 다시 일어설 수 있고 헤쳐 나갈 수 있는 힘이 길러질 것이다. 또한 실패가 아닌 우연한 고난과 고통일지라도 참고 견디며 이겨내려고 몸부림치는 과정에서 역경 지수가 높아지는 것이다.

구약 성경의 인물 중 요셉은 야곱의 11번째 아들로 태어났다. 그는 부모의 사랑을 독차지한 나머지 형들의 질투로 형들에 의해 죽기 직전까지 이르는데, 그 중 한 형의 도움으로 겨우 죽음을 면하는 대신 당시 최고 강대국이었던 애굽에 종으로 팔려간다. 잠시 밖에 나갔다가 형들 때문에 어린나이에 사랑하는 부모와 강제로 거의 20년이나 생이별을 하게 된다. 아버지는 가장 사랑하는 그가 들짐승에 죽었다고 이야기한 형들의 거짓 이야기를 듣고 낙심과 한탄으로 세월을 보냈다.

요셉은 종살이를 하면서 최선을 다해 주인을 섬겼으나 다시 누명을 쓰고 중죄인들이 머무는 교도소에 수감되었으며 죄수로 몇 년을 지내게 된다. 허나 감옥에서 신실한 자, 형통한 자로 인정받았고 이후 왕의 사면과 신뢰로 감옥을 나온 후 그 나라를 구하고 다스리는 총리가 되었다.

2인자 총리시절 요셉은 왕의 허락으로 고향의 모든 가족들을 애굽의 기름진 땅으로 불러들인다(고향은 극심한 가뭄으로 살 수가 없었기에). 그 가족들이 향후 거대한 민족을 이루는 이스라엘이 되었다. 어릴 적 본 영화 「홍해」가 그것이며 몇 년 전 방영된 애니메이션 영화 「이집트 왕자」가 그것이다. 우리는 지금껏 영화나 이야기 속에서 모세가 이스라엘 민족을 이끌고 바다를 건너는 광경만을 보았고 상상했는데 그 이면에 숨어있는 것은 몇백 년 전 요셉의 고통이 숨어 있었다는 것이다.

요셉의 고난과 고통은 하나님이 예정하신 거라고 성경은 말씀한다. 요셉의 AQ의 레벨(Level)이 최상급 수준이었고 그런 고난을 견디어 냈기에 나라를 이루게 하였고 그렇기에 하나님이 선택하지 않았을까 라고 필자는 생각해본다.

현재 우리의 삶과 요셉의 경우는 다르긴 하지만 AQ 표본은 이스라엘이고 이스라엘에서도 요셉은 빼놓을 수 없는 샘플(Sample)이기에 우리가 가끔 요셉을 벤치마킹(Bench marking)하는 것도 도움이 될 것이다.

필자는 1980년 중반 고교생의 신분으로 경남 창원에서 개최된 전국기능경기대회에 선수로 참가한 적이 있다. 어려웠던 가정 형편상 군대 5년을 약속하고 고등학교에 장학생으로 진학하였고 더 나은 진로를 위해 기능대회 특별 실습자가 되어 대회 준비 기간 중 훈련과 실습으로 4계절을 날마다 아침부터 저녁까지 실습장에서 살았다.

건강한 편인 필자이지만 그 당시 쌍코피의 의미를 알게 되었고 코피를 쏟으며 혼신의 힘을 다해 대회 준비에 매달렸으나 결국 노메달로 그쳤다. 그래서인지 올림픽 스포츠 경기에서 노메달 선수가 얼마나 큰 고통을 감내해야 하는지 필자는 충분히 공감할 수 있다.

노메달의 학생들이 느끼는 결과는 비참했다. 학업도 제대로 못하고 또한 군대 5년의 의무가 자동으로 실행되었다. 만약 메달권에 진

입학하였다면 공대 장학생 진학과 동시에 ROTC 옵션(Option)의 길이 열려 있기 때문에 나로서는 한없는 자괴감과 상처, 후회가 되었다.

4년 장학금을 받고 ROTC로 간 친구들이 60명 있었는데 나는 그곳에 합류할 수 없었고 이후 최전방에서 하사관으로 어렵사리 5년간 복무하며 낮에는 군복무와 밤에는 틈나는 대로 수학·영어책과 씨름하게 되었다. 또한 휴가를 내어 중간 중간 입시시험도 보게 되었다. 군에서 선배와 상관들의 눈총 속에 꾸준히 학습하였던 것이 사회에 나와 꾸준한 학습이나 석사·박사학위 과정까지 영향을 주었고, 삼성 재직시 각종 승진심사와 시험 등에도 크게 도움이 되었다.

그때 함께 했던 고교 친구들 중 메달을 획득한 친구도 있지만 그렇지 못한 특실자(경기대회 준비자)들은 어릴 때의 큰 상처로 인해 30년 가까이 된 지금에도 그 당시의 아픈 과거를 떨쳐버리지 못하고 있어 안타깝기도 하다. 나 역시 노메달의 상처와 곧바로 이어진 군대생활 5년간을 허송세월로 보내고 당시 최전방에서 쉽게 접할 수 있는 술과 향락에 빠졌다면 어땠을까? 생각만 해도 너무 끔찍하다.

한편 실패를 바라보는 우리의 자세는 어떤가? 피할 수 있으면 최대한 실패를 피하려 하고 성공한 삶만을 바라지는 않는가?

하지만 인생이라는 긴 항로에는 순풍만 부는 것이 아니다. 성공 가도를 달리다가 인생의 중반 이후에 큰 실패를 겪게 되면 헤어나기가 더욱 어렵다고 한다. 남보다 일찍 아니면 늦게 출발할 수도 있다. 그래서 선한 목표를 정하고 실패를 두려워하지 말고 전진하라 말하고 싶다. 그리고 실패하면 그 실패를 가장 좋은 학습이라 생각하고 이를 통해 배울 점은 확실히 배웠으면 한다.

이는 미리 균에 노출시켜 강한 저항력을 얻는 백신의 원리와 흡사하다. 역경은 연철을 단조하면 불순물이 빠지고 강철이 되듯, 정금이 태어나기 위해 수많은 공정을 거치듯이 우리를 단련시킨다. 그래서 쇠를 불에 달구워 오랫동안 두드려야 강철이 태어나는 것처럼 고통과 역경을 맛보고 이겨나간 사람은 점점 더 강하게 일어나게 될 것이다.

자신이 역경 지수가 높다고 생각하는가? 그렇다면 그런 역경은 오히려 자신의 진로에 자양분이 될 것이며 내일의 성공 가능성이 높아질 수 있다는 것을 잊지 말자.

02

스몰 석세스 벤치마킹 하기

> 행운은 땀으로 결정된다. 땀을 더 많이 흘릴수록 행운도 더 크게 다가온다.
>
> — 레이크 록

직장생활에 성공하기 위한 방법은 서점이나 인터넷에서 그리고 신문 사설이나 칼럼 어디서든지 흔하게 볼 수 있고 들을 수 있다. 성공하고자 하는 사람도 많고 성공한 사람도 많으며 성공 길라잡이 해줄 사람도 많다. 그러나 막상 사회에 첫발을 내디딘 초년생들은 직장생활에서 성공이 무엇인지 막막하다. 성공 책자나 성공 컨설턴트분들 그리고 여기저기 블로그에 올라온 성공 방법은 말단 신입사원 본인들이 직접 경험하거나 체험하지 않고 외국 서적을 번역하거나 필요한 말을 모아놓은 모음집 형태와 흡사해 그 주장이 맞기는 한데 실행하기에는 어쩐지 자신과 맞지 않고 때론 실행하자니 괴리감을 느낄 때가 있다.

대학원 시절 고승덕 변호사의 강연을 들은 바가 있는데, 그분은 공부가 세상에서 가장 쉬운 일이었다고 공부 방법을 잠시 언급했다. 그분은 반찬 먹는 시간도 아끼려고 비빔밥을 먹었다고 표현했는데(반찬 옮기는 시간도 아까워) 방법은 맞지만 대한민국 대부분 학생들이 따라 하기 힘든 그런 모델이 아니었을까? 그리고 학부모들이 그런 강의를 들으면 학생들한테 얼마나 많은 스트레스를 주었을까 생각해 보았다.

나와 너무 다른 곳, 다른 일에서의 성공 모델 벤치마킹은 오히려 부작용이 예상되어질 것이라 생각된다. 그래서 여기에서의 성공 모델은 특별한 수재를 대상으로 한 것이 아닌 사회 초년생이나 평범한 직장인으로 하루하루 살아가면서 스몰 석세스를 경험하고 자기가 속한 곳에서 성공 모델을 발굴하고 그것을 본받으며 적응하려고 노력하는 사람을 대상으로 했다.

성공의 DNA는 무엇일까? 어떤 책에서는 그 방법을 10계명, 혹은 36계명, 10가지 또는 20가지 방법 등등으로 정리하여 소개하고 어떤 조직은 외부 특강이나 내부 교육을 통해서 그 방법을 공유하고 훈련하기도 한다. 그래서인지 그 방법이 무척 다양하고 성공의 정의 또한 다양하다는 것을 알 수 있다. 따라서 무엇이 성공한 직장인인지 필자도 잘은 모른다. 하지만 현재 성공한 사람들의 과거를 보고 그의 행동과 습관을 관찰하여 배울 점은 배우고 따라할 것은 따라해 보았으면 하는 바람이다.

누구나 마찬가지인 것처럼 신입사원들에게 성공이란 직장생활에 잘 안착하고 인정받고 결국 자신이 원하는 것을 달성하는 것이 성공일 것이다. 스몰 석세스를 경험하면 직장에서 필요한 관계, 승진, 명예, 부, 직위에 대한 만족을 이룰 수 있을 것이다.

독자들이 작은 것부터 성공을 원한다면 성공한 사람들의 결과만 볼 것이 아니라 과정, 즉 좋은 습관을 벤치마킹해 보자. 성공의 기로에 들어섰다고 볼 수 있는 선배나 회사 임원들은 어떻게 그 치열한 경쟁에서 살아남고 또한 여기까지 올라온 것일까 유심히 관찰하고 따라해 보자.

필자는 삼성에서 퇴직 전 기획부서에서 몇 년간 근무했던 터라 업무에 관련 있든 없든 유난히 고위 임원들을 접할 기회가 많았고 또한 업무 자체가 고위 임원을 보좌하는 기술기획을 맡았기에 그분들과 함께할 기회가 많았다.

필자가 발견한 고위임원들의 공통된 습관은(사람마다 사소하기도 하고 다소간 상이하지만) 자기 상사들의 관심사에 항상 예의 주시한다는 것이다.

『회사가 붙잡는 사람들의 1% 비밀』이란 책 내용에서도 바로 이 점이 1계명이라 말할 정도로 중요한 내용이다. 상사는 가장 중요한 고객이라 생각한다면 상사가 관심 있는 것을 우선순위에 두기 바란다. 그들은 유효적절한 타이밍에 보고를 잘할 뿐만 아니라 업무 및 경영에 관한 관심을 가지며 기록에 뛰어나다는 것을 알 수 있다. 그에 더해 그런 것들을 잘 체크(Check)하며 끝까지 팔로우 업(Follow up)한다는 것이 보통 사람들과는 분명 다른 점이다.

필자가 경험했고 책을 보며 익혔던 그리고 성공을 경험한 주요 임원들을 관찰하며 얻은 5가지 방법을 제시하니 자신에게도 적용해 보기 바란다. 모두 할 수 없을지라도 한두 가지나 두세 가지라도 실행해보면 자기만의 포맷이 형성되고 어떠한 느낌이 올 것이다.

직장에서 성공한 사람 따라해 보기 5가지

① 조직의 문제를 해결하는데 앞장서고 주변 조직에 협력하라.

② 상사의 관심사를 파악하고 만족시키기 위해 노력하라.

③ 학벌이 좋다면 자신을 내세우지 말고 나쁘다고 생각하면 피나는 노력을 하라. 뽑을 땐 학벌을 보지만 그 다음부터는 열정과 실적이다.

④ 어떤 회의에서든 아이디어를 제공하고 회의 장소에서는 되도록 긍정적 · 진보적인 발언을 하라.

⑤ 자기의 이력을 항상 정리하고 때론 미래의 모습과 방향을 확신에 찬 모습으로 어필하라.

차근차근 그리고 하나하나 실행에 옮겨보는 독자는 신입사원의 벽을 넘어 유능한 중견사원이 되어 현장을 종횡무진 누비며 회사에 기여하고 자가 발전하는 그런 역량의 소유자가 되길 바란다.

03

강한 정신과 육체는
직장생활의 필수

'건강을 위해서만 산다.'고 하는 것은 어리석다. '우리는 도대체 무엇 때문에 그토록 건강을 소중히 여기는 것인가?' 하고 반문해 보지 않으면 안 된다.

─ 힐티

삼성반도체 기술 파트장을 맡고 있을 당시 우리 팀의 일은 난이도가 남들도 인정하는 고난이도였으며 일의 양도 감당하기 힘든 쓰나미에 비유할 정도로 많았다.

거기에 시간 내에 꼭 달성해야 하는 목표와 납기가 정해져 있는 일이어서 팀원들의 스트레스가 이만저만이 아니었다. 업무 자체도 스피드와 정확성, 창의력이 요구되었고, 세계에서 우리만 개발·생산하는 제품도 있었기에 최고의 집중력과 실력도 필요하였다. 그런 일들을 끝없이 진행해야 했고 시작하는 일은 꼭 성공해야 했기에 이루 말할 수 없는 심적 부담이 되었다. 필자가 맡은 팀원뿐만 아니라 다른 팀원들도 역시 그랬으리라.

그러나 목표와 책임을 요소요소에서 감당했기에 오늘날의 삼성반도체가 있었고 현재 반도체산업에서 세계 1위를 하지 않았나 싶다. 학창시절 자기반에서 아니 학교에서, 나아가 자기 지방, 우리나라에서 1등을 한다는 것이 얼마나 어려운가? 그런데 세계 1위라는 것은 그냥 주어지는 우연이 아닐 것이다.

회사의 타이틀이긴 하지만 속해 있는 소속원들이 조각모음처럼 한 조각 한 조각씩 퍼즐을 맞추어 나감으로써 비로소 그 타이틀을 딸 수 있었을 것이다. 남들과 똑같이 해서 받은 타이틀은 더더욱 아니다. 그 위치에 가기 위해 남들이 하는 것은 다 해내야 하고 다들 못하는 것을 먼저 지속적으로 해야 하며 잘못되면 즉시 개선해야 한다. 그것도 가장 빠르고 정확하게 말이다.

높은 장벽을 넘고 험난한 풍파를 헤쳐나가야 하기에 참여하는 사람들은 정신적·육체적으로 건강이 필수 요소가 된다.

"회사에 들어오니 일은 정말 많고 제대로 해야 하는데 몸이 약한 편인 저로서는 그 목표를 달성하기 위해 무리하는 것이 정말 부담스럽습니다."

　직장에 들어온지 얼마 되지 않은 새내기가 면담할 때 한 이야기이다. 이 친구한테는 무거운 일을 시키기가 망설여진다. 그것이 쌓이고 쌓이면 사원들 간에도 점점 개인별 격차가 벌어지고 일과 책임, 그리고 권한에서도 일의 무게만큼 차이가 벌어지게 되는 것이다.

　그렇다고 몸을 무리해서까지 감당할 수 없는 일을 하라는 것은 아니다. 하지만 운동도 감당할 수 없는 상태 바로 직전까지가 가장 몸에 좋은 운동이라 하는 것처럼 우리가 가진 열정과 에너지를 감당할 수 없는 직전까지 사용해도 끄떡없는 자신을 만들기 위해 높은 체력과 정신적 힘을 길러야 한다.

　또한 근육이 왕성하고 피부는 탱탱하며 지구력과 스태미너가 끝내주는 신체 건강도 중요하지만 정신적 건강을 위해 투자하고 관심을 가지라고도 말하고 싶다. '건강한 신체에 건강한 정신이 깃든다.'는 말도 있지만 건강한 신체를 가진 젊은이들이 희망을 잃고 스스로 고

립되거나 IT 기기 등에 중독되어 세상과 단절된 채 살아가는 경우도 적지 않다.

한 친구는 대기업에 입사하여 몇 개월 근무하다 퇴직을 하였는데 퇴직사유가 PC방에서 게임 아이템만 팔아도 월급 정도는 벌 수 있다는 생각에 부담 없고 스트레스 없는 자유로운 PC방이 팍팍한 직장보다 더욱 좋다는 것이다. 이런 상황들이 육체만 건강하다고 해결될 수 있을까? 샘플이지만 건강만으로는 채울 수 없는 무언가가 필요한 이유이기도 하다. 많은 사람들이 건강을 해치면서까지 밤새도록 인터넷 게임을 하는 이유는 무엇일까? 또 도박 중독자들이 패가망신하도록 도박을 끊지 못하는 이유는 무엇일까?

이는 자신의 신체적 조건과 사회적 입장을 망각할 만큼 정신적으로 자기도 모르게 병들어 있기 때문이다. 나 자신도 한때 게임과 오락에 빠진 적이 있었다. 심각한 수준은 아니지만 한창 중요한 일을 해야 할 때 쓸데없이 소모된 시간과 에너지를 생각하면 울화통이 치민 적이 종종 있다. 자연스럽게 그런 것들과 멀어지긴 했지만 개인적으로 신앙의 도움이 컸다.

정신과 육체를 과하게 몰입하여 종종 건강을 해치는 경우가 있는데 그 대상이 삶을 파괴하는 부정적인 경우라면 문제가 당연히 클 것이다. 반면 가치 있는 목표에 집중하고 매진한다면 후회도 없고 즐거울 것이며 이로 인해 점차 인생이 풍요로워질 것이다. 따라서 육체와 정신 건장을 위해서 깊이 몰입할 만한 가치 있는 대상을 찾아 실행해 보는 것도 한 방법이다. 그러나 긍정적이고 가치 있는 목표라 할지라도 삶의 균형이 심각하게 치우치게 된다면 때론 고통스러운 결과를 초래한다는 점을 명심해야 한다.

　어느 중소기업 연구소에 있는 후배는 자기 일을 즐기며 자기의 모든 시간과 에너지를 목표한 곳에 집중하는 스타일의 친구였다. 특히 공학적 회로설계, 소프트웨어 등에 관심이 많아 그당시 회사의 연구 과제 실행에 심취해 있었고 아예 자신의 모든 것을 걸다시피 하였다. 가끔 휴일 날 아니면 회사 일을 마치고 저녁 늦게 찾아가보면 아무도 없는 빈 사무실, 그의 책상에는 어지럽혀진 연구 기자재와 컵라면, 음료수 캔들이 널려 있었다.

　며칠 밤을 새었는지 몰골이 말이 아니며 가정과 아이들이 있는데 집에도 가지 않고 오직 자기 일에만 집중하고 있는 후배, 한편으론 그 친구를 존경스럽다고 생각했고 배워야 할 점이 많은 친구로 생각 하였으나(빌 게이츠나 스티브 잡스처럼 무서운 집중과 집념 측면) 또 다른 한편으론 너무 심하다 싶을 정도로 자기 일에만 집중하기에 무슨 일이 생기지나 않을까 걱정하게 된 적도 있었다.

　그는 이후 건강이 나빠져 일을 계속할 수 없었고 동시에 가정도 어려움을 겪었다. 회사 역시 그의 바람과는 달리 현재 파산하여 이후 계속 어려움을 겪는 모습을 볼 수 있었다. 일이 즐겁긴 하지만 정신과 육체가 너무 지치지 않을 정도로 일이 재미 있을지라도 견딜 수 있는 정신적 육체적 에너지를 충분히 충전해 가며 일을 해 나가야 한다.

　심도 깊은 철학적 의구심으로 일찍이 20대에 교수가 된 세기의 천재 니체의 경우도 몰입 상태를 지속한 끝에 정신 이상이 되어 일찍 사망했다. 아무리 가치가 높은 일이라도 자신의 한계를 넘어서거나 체력이 받쳐 주지 않으면 진정으로 원하는 인생의 목표를 달성할 수가 없게 된다. 전력을 다해 힘들게 찾은 인생의 목표를 위해 더 몰입할 수 있도록 건강한 육체와 정신을 만드는데 시간과 재원을 투자했으면 한다.

자기가 재미있고 좋아서 하는 일은 효율도 좋고 결과도 좋을 것이다. 이런 점은 좋긴 하지만 중장기인 안목 차원에서도 바라볼 필요가 있다. 우리가 살아가는 것은 단기도 필요하지만 중장기적인 안목과 실천을 통해서 더욱 견고한 삶이 될 수 있기 때문이다.

일이 생기고 중요한 프로젝트가 걸리면 누구나 집중을 해야 한다. 하지만 그 집중이 자기 삶의 본질을 넘는 과욕으로 도를 넘으면 기초가 무너질 수 있다.

그리고 지나치게 많은 시간을 할애하거나 몰아서 운동을 하기보다는 규칙적으로 체력을 단련하자. '운동은 하루를 짧게 하지만 인생을 길게 한다.'고 어느 현인이 말하지 않았던가? 건강을 해칠까 두려워 인생이라는 긴 달리기를 아직 시작도 못하고 있지는 않은가? 일단 인생의 목표를 확인하고 달려 보자.

건강한 몸과 정신을 유지하는 열 가지 방법

① 자기 자신을 귀하게 여겨라.

② 여러 가지 좋지 않은 현상들에 대해 때론 그럴 수도 있다고 인정하라.

③ 타인의 잘못을 용서하라. 용서는 나를 회복시키고 자유롭게 하며 신도 그대를 용서할 것이다.

④ 자연을 만끽하라. 자연은 신이 준 선물이다.

⑤ 자극적인 음식, 충동적인 것을 피하라.

⑥ 가족을 사랑하라. 모든 행복은 가정에서부터 시작한다.

⑦ 일정한 시간을 정해 운동을 하라. 안 되면 규칙적으로 스트레칭을 하라.

⑧ 육체적인 봉사 활동을 하라.

⑨ 즐거운 취미 활동에 참여하라.

⑩ 영적·종교적 활동에 참여하라. 인간은 육과 혼과 영으로 이뤄져 있다고 한다. 우리 영혼이 잘되어야 육체도 즐겁고 행복하다고 성경에서는 말한다. 육체의 건강만으로는 진정한 건강을 가지고 있다 할 수 없다.

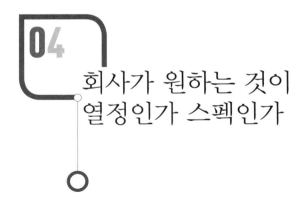

회사가 원하는 것이 열정인가 스펙인가

열심히 노력하면 노력하는 자체가 즐거워진다. 이것은 사실이다. 할 수 있는 데까지 최선을 다해 보자. 좀 무리했다고 죽지는 않으니까.

― 미즈노 토시야

여러 회사들이 스펙보다는 열정과 패기가 있는 사람을 뽑겠다고 선언하고 있다. 삼성이나 현대, LG와 같은 대기업 입사시험의 기준도 변화하고 있다. 스펙만으로 인정을 받을 수 있는 시대가 지나가고 있다.

물론 한 사람의 능력을 평가하는데 스펙은 중요하다. 대부분의 기업들이 기본 조건(응시 자격)을 정해 놓기 때문이다. 그러나 빌 게이

츠나 스티브 잡스가 우리나라에서 태어났다면 오늘날의 그런 인물이 될 수 있었을까? 둘 다 대학을 중퇴했고 초반에 여러 위기를 맞기도 했지만 그들은 21세기에 가장 성공한 사람들로 꼽힌다.

무한경쟁 시대에 대기업이든 중소기업이든 어디서나 필요로 하는 것은 겉으로 보이는 번지르르한 모습, 잘 관리된 학점보다도 어떤 환경에서도 잘 적응하며 실무를 잘 처리할 수 있는 사람이다. 기업들은 스펙이 다소 부족하더라도 지칠 줄 모르는 열정과 패기를 가지고 회사를 위해 헌신하며 실력을 쌓아 나가는 사람을 더 선호한다. 단, 특별한 재능을 지닌 아웃 라이어는 예외적이다.

필자가 지근거리에서 보좌했던 삼성 고위 임원분의 언급이다. "열심히 한다고 잘 된다는 보장은 없다. 그러나 열심히 하면 최소한 못되진 않는다." 이런 언급을 자주 했는데 정말 이 말은 24시간 365일 돌아가는 현장에서는 맞는 말이다.

열정은 자동차의 기름과 같다. 기름이 공급되지 않으면 아무리 좋은 자동차라도 서게 될 것이다. 열정은 힘든 순간순간을 돌파할 수 있는 에너지다. 그리고 그것이 전파되면 한 사람의 열정만으로도 조직에 힘을 불어넣을 것이다.

그렇다고 스펙을 무시하라는 말이 아니다. 글로벌 무역회사에 취업하고자 한다면 당연히 외국어 실력을 갖춰야 한다. 손재주만 있다고 해서 외과의사가 될 수 있는 게 아니고, 숫자에 약한 사람이라면 회계 일을 맡아 보기 어려울 것이다. 일을 하는데 필요한 스펙은 갖춰야겠지만 그 스펙을 간판 삼아 계속 머물러 있으면 안 된다.

그러면 어떻게 해야 할까? 우선 자신의 패기와 열정을 증명해 보일 수 있도록 자기 분야에서 최고의 전문가가 되도록 노력하라. 항상 무엇인가가 부족하여 직장생활 중 외부 학원가를 오가며 추가 스펙 쌓기를 염원하지만 그런 행위가 자기 현재 일과 나아가서는 조직의 일과 관련이 없다면 그렇게 취득된 스펙은 오히려 독이든 성배와 같을 수도 있다.

회사는 독자들이 가지고 있는 현재의 스펙으로도 업무 수행이 가능하다고 뽑았으니 현재 자리에서 열정을 발휘해 충실히 업무를 수행하면 된다. 가장 좋은 것은 자기 업무를 하다 어려워서 막히는 것이 있거나 부족한 것이 있다면 업무 후 학원 등에서 교육을 받으며 그에 따른 스펙을 쌓는 것이 바람직할 것이다.

세상의 기준에 맞춰 화려한 스펙만 갖출 것이 아니라 사회에 첫발을 내딛었으면 이제는 현재 회사가 원하는 스펙이 무엇인지 나와 회사가 발전하는 차별화된 스펙을 만들기 바란다. 그리고 그것을 제대로 보여줄 수만 있으면 스펙이 다소 부족하더라도 충분히 극복할 수 있고 경쟁력을 갖출 수 있을 것이다.

필자가 특별히 강조하는 스펙은 어학이다. 글로벌 사회에서 특히 외국어 실력은 직장인들이 피할 수 없는 과제이며 생존 무기가 되기도 한다. 필자가 입사했을 때만 해도 토익점수가 입사 기준에 들지는 않았다. 그러나 점차 중요도가 높아지더니 지금은 어느 기업이나 채용 또는 승진 시에 필수로 체크하는 항목이 되었다.

특히 신입사원들은 현재는 외국어 의사소통이 중요한 글로벌 시대임으로 미리 대비를 해야 한다. 외국어 실력이 딸리면 채용된 뒤 승진에서도 불이익을 받는 경우가 종종 있다. 외국어 실력이 뛰어나면 고위급에 올리는 보고서를 상사와 함께 작성할 수 있는 기회도 생길 것이고 해외 출장 대상 심사에서도 우선순위에 놓인다.

일반적으로 기업에서 필요로 하는 외국어 능력은 영어, 중국어, 일본어다. 가장 중요한 것은 영어이지만 최근에는 중국어 능력을 보고 채용하는 경우가 늘고 있다. 지금은 아직 사람들의 중국어 수준이 상대적으로 높지 않은데 이는 보다 기회가 많다는 반증이며 중국은 우리나라와 가장 긴밀하게 협조해야 하고 또한 발전해야 하는 나라이기 때문이다.

또한 무역 대상 1위는 미국에서 중국으로 옮겨가는 실정이라 중국어는 미래를 준비하는 무기일 수밖에 없다. 영어만 잘해도 문제는 없지만 영어와 중국어를 모두 잘한다면 금상첨화이며 여기에 일본어까지 가능하다면 어느 회사에서든 고급 인력으로 분류될 수 있을 것이다.

부지런하고 신념을 가진 사람에게는 인생은 결코 짧은 시간이 아니다.
게으르고 신념이 없는 사람에게는
인생이 천 년이라도 만 년이라도 한 가지일 것이다.
하루하루가 겹쳐 한 달이 되고 일 년이 되고 십 년이 되듯,
인생의 위대한 사업도 서서히 그러나 꾸준히 변함없이
계속해 나가는 동안에 드디어 열매를 맺는다.

– 채근담

나의 미래를 어떻게
설계할 것인가

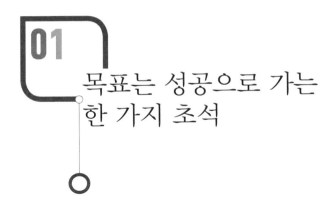

01

목표는 성공으로 가는 한 가지 초석

> **의욕적인 목표가 인생을 즐겁게 한다.**
>
> – 로버트 슐러

얼마 전 우리나라 양궁 올림픽 감독님을 만난 적이 있다. 양궁에서 우수한 성적을 거두기 위해 그들은 엄청난 훈련을 치른다고 한다. 그중 특히 놀라운 훈련은 여성 선수들의 담력을 키워 주기 위해 선수 혼자서 밤새 수십 킬로미터를 홀로 걷게 하는 것이다. 오솔길과 도심 길 그리고 산길을 지나 목적지에 다다를 때까지 홀로 걷는 훈련을 한다는 것이다. 경기의 압박감을 견딜 수 있는 담력을 기르는 것이 일차 목표이지만 최종 목표는 금메달이기 때문이다.

이렇듯 큰 목표를 세우면 그것을 이뤄 내기 위한 작은 목표들을 하나하나 달성하는 방법이 나타나고, 이 작은 것들을 이뤄 냄으로써 결국 큰 목표를 달성하게 되는 것이다. 과연 어느 나라 여자선수가 금메달을 따겠다는 일념으로 홀로 심야에 공동묘지와 산길을 지나 수십 킬로미터를 걸을 수 있겠는가? 이런 것들이 모여 대한민국 양궁선수들이 세계를 제패하지 않았을까 생각한다. 대표팀의 금메달 획득이라는 목표가 가져다준 과정과 관리 그것이 바로 성공의 요인이라 말할 수 있다.

그렇다면 사람들은 왜 목표를 세우지 않고 살아가고 있을까? 이유는 여러 가지가 있다.

첫째, 목표를 세우는 것이 중요하다는 사실을 인지하지 못하기 때문이다.

인생의 목표를 정하고 살아가는 사람들이 얼마나 될까? 목표를 세우는 것만으로도 벌써 50%는 달성했다고 할 수 있다. 화살이 시위를 떠나기 전에 타깃이 있다면 당기는 힘, 방향, 자세가 정해지고 집중력을 발휘하게 된다.

둘째, 목표를 세우는 방법을 모르기 때문이다.

목표는 명확해야 하고 측정·관찰이 가능해야 하며 주변에 가급적 조화를 이루면 좋을 것이다. 나는 목표달성을 했지만 우리 조직이 어려워지거나 타인에게 큰 피해가 간다면 바람직한 목표설정이 되지 않았다고 본다. 먼저 나의 목표에 대해 내가 이해하고 왜 그렇게 생각하는지를 자신에게 물어본 다음 계획을 세워보자. 그리고 누구에게나 쉽게 설명할 수 있도록 목표를 설정하고 결과들을 하나하나 기록해 보라. 비밀스러운 목표라면 자기만의 언어로 기록해도 좋다.

셋째, 실패를 두려워하기 때문이다.

미리 준비하고 벤치마킹 한다면 어느 정도 리스크를 최소화할 수 있다. 그리고 선배나 멘토에게 조언을 구하거나 책을 통해서도 실패를 피하는 방법을 알 수도 있다. 최근에는 실패 가능성을 시뮬레이션 해 보는 툴도 있고 이를 측정해 주는 직업도 있지만, 필자 개인적으로는 동일한 사례를 많이 접해 보고 경험을 쌓은 멘토와 상의하는 것이 좋다고 생각한다.

넷째, 타인의 시선을 의식하기 때문이다.

다른 사람들의 비웃음을 사거나 웃음거리가 될까봐 목표를 세우지 못하는 경우가 있다. 다들 토익 800점 이상의 실력을 갖춘 상태에서 900점을 목표로 할 때 자기만 400점 실력이라면 당연히 위축되게 마련이다. 그렇다 하더라도 500점을 목표로 한 걸음씩 나아가라.

필자의 한 후배는 토익 200점대에서 3년 만에 900점대를 달성하였다. 그는 미국 주재원을 선발하는데 어학자격이 미달되어 탈락했지만 토익 900점이 계기가 되어 주재원 대상으로 선정되어 결국 나머지 요건을 갖춘 후 주재원으로 파견되었다. 직장생활의 꽃은 주재원이라고 하는데 이 친구는 목표를 세우고 끊임 없이 도전한 결과물이다. 주재원은 고과와 어학이 동시에 만족되어야 하는데 주재원 후보가 되면 고과를 부여해야 하는 대상으로 비밀리에 선정되어 고과까지 덤으로 얻게 된다.

이 친구의 사례에서 보듯이 처음은 부족했지만 목표와 이를 달성하기 위한 노력과 스몰 석세스로 엔지니어들의 벤치마킹 사례로 자주 상사들 간에 회자된 내용이다.

「최종병기 활」이란 영화에서도 현실적인 목표를 향해 활 기술을 연마하는 남자 주인공(박해일)은 산속에서 홀로 활 쏘는 맹연습을 한다. 표적은 숨겨져 있고 그 숨겨진 표적을 화살이 커브로 돌아 맞추는 훈련이다. 다소 황당하긴 하지만 영화에서 조선 최고의 신궁은 나무 뒤에 가려진 진짜 표적을 맞추기 위해 피나는 연습을 하여 결국 그 비결을 터득하고 그는 절대 절명의 순간마다 연마한 활 실력을 통해 조선을 위기에서 구하고 자기도 살아남는다는 이야기이다.

이 영화를 통해 필자는 후배들에게 인생의 표적, 즉 인생의 진정한 목표는 잘 안 보일지라도 내가 가고자 하는 진짜 표적(목표)을 맞추기 위해선 실행해야 하며 또한 도전해야 한다고 말하고 싶다. 자주 언급하였지만 그래서 목표는 정말 중요하다.

화살이 그 표적을 향해 날아가듯 우리에게도 과녁과 같은 목표가 반드시 필요하다. 목표는 누가 정해줄 수도 있고 스스로 정할 수도 있다. 만약 아직까지도 자신의 목표가 무엇인지 사회 어디에 속해 나는 어디로 가려고 하는지 뚜렷한 목표가 없다면 책을 덮고 한 번 생각해 보라. 뚜렷한 목표 없이 살아가는 후일은 안 보아도 비디오란 말이 맞을 것이라 생각한다.

나는 무엇을, 왜, 어떻게, 얼마나 할 것인지 돌아보자. 그리고 육체적인 것이든, 물질적인 것이든, 정신적인 것들이 아직 보이지 않더라도 내 인생의 궁극적인 목표를 신중하게 생각하고 기록해 보자. 가려진 표적처럼 아직 구체적이지 않더라도 좋다. 일단 굵직굵직한 목표를 적고 시간을 내서 생각해 보자.

그리고 이를 달성하기 위한 세부적인 목표를 써보자. 가로 행에는 각 연도, 세로 열에는 목표를 적고 목표들을 시간에 따라 실행하며 그 현황을 눈에 보이는 곳에 놓아보자. 아니 스마트폰에 기록해 두어도 좋다. 사회생활을 시작하기 전에 자기 인생의 로드맵을 만들어 보는 것도 좋지만, 이미 사회생활을 시작했더라도 재점검해 보라. 그리고 기록해 보자. 개인에 따라 목표를 달성하는 방법이 다르지만 기록하는 것만으로도 분명 효과가 있을 것이다.

목표를 세웠다면 그것을 달성하기 위해 어떤 동기 부여를 줄 것인지 달성했을 때 스스로 어떤 보상을 줄 것인지도 중요하다. 작은 목표를 달성할 때마다 스스로 보상을 주는 것도 좋다.

필자의 삼성 선배 한 분은 저렴한 자전거를 구입하여 3000킬로미터 주행하였고, 그 기념으로 고가의 성능 좋은 자전거를 구매했다. 너무 뿌듯해 하며 기뻐하는 모습을 보고 나름 자기를 위한 동기 부여를 한다는 점에서 배울 점이 많다고 생각했다.

친구 한 명은 보너스의 10%를 적립하며 온전히 자기를 위해 해외 골프에 정기적으로 참여한다. 그 친구 왈 돈을 적게 받았다고 생각하면 되고 내 자신을 충전해야만 다시 일을 할 수 있다고 한다. 맞는 말이다. 저축을 열심히 했을 때 일정 비율의 금액을 과감히 자기를 위해 선한 목적(선과 악의 기준은 우리가 정할 수 없지만 일반적인 양심과 법의 한도 기준으로 개인이 판단)으로 사용한다면 더욱 동기 유발이 될 수도 있다. 작은 목표가 달성될 때마다 흔쾌히 자신과 가족에게 투자와 보상을 하면서 스스로를 충전해 보자.

그리고 성공한 모습을 상상해 보라. 필자는 대리로 승진했을 때 부장 승진까지 누락되지 않고 승진하는 것이 작은 목표 중 하나였다. 많은 사람이 직급별 1회 이상 승진에 누락되고 심지어 3~4번 아니 아예 승진이 안 되고 끝가지 현 직급으로 가는 경우도 많지만 필자는 '모든 직급에 단번에 승진하겠다.'라는 목표를 정했고 가끔 이미 실현된 내 모습을 상상을 했다. 그리고 생각날 때마다 '내가 차장이라면, 부장이라면 어떻게 할까?' 하고 십수 년 이후를 생각하며 일을 했다. 부장이 별로 없던 시절이라 생각만으로도 기대되었고 일에 대한 열정이 몸에서 배어나와 자연스럽게 그 목표를 향해 달리는 나를 볼 수가 있었다.

또 과장시절에는 동일한 직급 수십 명의 과장들이 서로를 다면 평가했고 그 평가 성적이 고과로 부여되었는데 동료 및 선후배 과장들이 필자에게 열정 맨, 구원투수라는 수식어를 붙여주며 대부분의 간부들이 좋은 평가를 내려 주었다. 동료들한테 받은 고과는 상사한테서 받은 고과 이상으로 가치 있고 기뻤으며 그분들에게 시간이 지났으나 감사하는 마음이 진한 추억으로 남는다.

그러므로 내가 가고자 하는 것, 원하는 목표를 달성한 모습을 상상하는 것만으로도 의욕이 살아나 나 자신뿐 아니라 남도 감동시킬 수 있다.

사회에 막 첫발을 내딛는 후배들이나 사회 초년생이라면 목표와 성공에 대한 상상을 해보라. 이것은 대단히 중요한 것이며 여러분에게 힘과 열정을 안겨 줄 것이다. 또한 Small success를 경험함으로써 잦은 성공에 익숙해질 것이다.

알베르트 아인슈타인은 "사실보다 상상이 더 중요하다."고 했고, 나폴레옹 힐은 "인간의 정신이 상상하고 믿을 수 있는 모든 것은 성취 가능하다."고 했다. 또한 제임스 알렌은 "원인과 결과의 법칙을 통해 우리의 마음과 상상하는 모든 것이 결과"라고 했다.

내가 진짜로 원하는 것을 목표로 정하고 상상하라. 그리고 그 꿈을 이뤘을 때의 모습을 떠올리며 미소 지어보라. 그러면 현재의 어려움과 고난을 달갑게 받아들이고 자기 자신을 한층 업그레이드할 수 있게 될 것이다.

02 다윗의 용기와 신념

> 부지런하고 신념을 가진 사람에게는 인생은 결코 짧은 시간이 아니다. 게으르고 신념이 없는 사람에게는 인생이 천 년이라도 만 년이라도 한 가지일 것이다.
> 하루하루가 겹쳐 한 달이 되고 일 년이 되고 십 년이 되듯, 인생의 위대한 사업도 서서히 그러나 꾸준히 변함없이 계속해 나가는 동안에 드디어 열매를 맺는다.
>
> — 채근담

이탈리아 피렌체 언덕에는 기개 있는 소년 다비드의 조각상이 있다. 시내가 훤히 내려다보이는 곳에 놓인 다비드 상은 이스라엘의 다윗 왕을 모델로 미켈란젤로가 조각한 것이다(물론 진품은 박물관에 보관되어 있다).

소년 다윗은 중무장한 9척 장신 골리앗과 맞서 싸워 나라를 구하고 이스라엘 역사상 가장 위대한 왕이 되었는데 그래서인지 다비드 상은 어린 소년의 모습이긴 하지만 때론 장엄한 용사나 나라를 돌보는 왕처럼 빚어진 작품으로 오늘날에도 유명하다.

다비드상의 주인공 다윗, 평범한 목동이었던 그가 어떻게 이스라엘 모든 군대를 벌벌 떨게 했던 골리앗을 이길 수 있었을까?

바로 마음속에 한 치의 의심도 없이 골리앗을 이길 수 있다는 굳은 신념과 이스라엘 군대를 구하겠다는 뚜렷한 목적의식이 있었기에 가능한 일이었다. 그 힘의 원천은 하나님을 신뢰하는 마음, 하나님이 도와주시면 반드시 이긴다는 믿음, 이스라엘을 농락하는 블레셋 군대를 반드시 물리칠 수 있다는 신념이었다.

사회생활을 하다 보면 원하든 원치 않던 골리앗과 같은 어렵고 힘든 일과 마주치게 된다. 맞서기에 고된 상대라면 누구든 두려워하며 회피하거나 포기하고 싶어진다. 그러나 이를 극복하려면 할 수 있다는 굳은 신념과 뚜렷한 목적의식을 갖고 지속적으로 노력해야만 한다. 지금 힘들다고 피해버린다면 그 문제는 언젠가 더 큰문제로 다시 나타날 것이다.

어떤 일이 있어서 반드시 해내겠다는 신념은 두려움 없이 과감히 도전할 수 있게 하며, 승리를 향한 목적의식은 이미 결과를 알고 있는 스포츠 게임을 보듯 편안한 마음 상태가 되도록 한다. 이렇게 최선을 다해 준비하고 결전의 때가 되면 목표를 향해 자신의 모든 것을 던지길 바란다.

웬만한 일일지라도 한 번에 이루어지는 법은 없다. 결과만 놓고 보면 한 번의 성공이라 하더라도 그 안을 살펴보면 많은 시도와 실패가 있게 마련이다. 낙숫물이 마침내 바위에 구멍을 내듯이 시간이 문제일 뿐 계속 부딪치다 보면 못 이룰 일이 없다.

요즘 우리 아이들을 포함해 사회 초년생들에게는 세상에 요구하는 것이 너무 많고 상황이 복잡해서 그런지 중간 중간에 포기하고 또한 거기에 적응하는 생활 자체가 버거워 일부에서는 아예 포기하는 사례도 볼 수 있다. 비단 우리나라뿐만 아니라 이웃나라 일본도 마찬가지다. 도심 빌딩 밑과 거리의 구석구석, 공원 벤치 등에는 가출 청소년이나 노숙자를 곳곳에서 볼 수 있다.

일본에서는 이들을 위해 직업을 소개하고 거주할 집을 준다 해도 마다한다고 한다. 조직이 싫고 두려우며 불편하기에 이런 자유가 좋다는 것이다. 이제 직업이 없어서라기보다는 직업이 있음에도 선뜻 나서지 못하는 사람들…. 처음 그런 사람들의 출발점은 이러지는 않았으리라.

다윗이 소년시절 부모님의 심부름으로 형들을 만나러 전장에 갔다가 전투에 나서지 않았다면, 골리앗과 1:1 대결을 피했다면, 쓰러진 골리앗의 목을 치지 않고 물러났다면 이스라엘 왕이 될 수 있었을까 생각해 본다.

학교나 회사에서 시도도 해 보지 않고 포기하는 사람들, 잠시 시도하다가 포기한 사람들…. 차이는 있지만 소년 다윗의 상황을 좀 생각해 보았으면 좋겠다.

근래 우리의 생활은 예전에 비해 점점 살기가 팍팍해졌다고 한다. 물질은 풍요롭고 몸은 더욱 건강해진 것 같으나 뭔가가 이상하다. 과거에 없었던 범죄가 기승하고 학교나 직장, 가정에서도 예절이 상실

된 막장 사회로 가는 모습을 보인다.

미국의 대도시에 가 보아도 역시 마찬가지이다. 도시에 상관없이 사람이 붐비는 곳이면 노숙자가 넘쳐나고 또한 블록 당 한 명 정도는 괴성을 지르고 구간을 반복하며 다니는 사람을 흔히 볼 수 있다. 새벽에 창가를 내다보면 어김없이 쓰레기통을 뒤지는 사람들로 북적이고, 이는 풍요 속에서도 예전보다 살아가기 더욱 어려워져가는 세상 모습이 아닌가.

어린 다윗이 양떼를 몰고 멀리 집을 떠나 들판이나 계곡에서 홀로 지내며 사자와 늑대에게서 양떼를 지킬 수 있었던 것은 굳은 신념과 행동하는 믿음이 있었기 때문이리라. 다윗이 자기의 양을 보호하기 위하여 맹수와 싸워 물리친 그런 모습을 상상해 보면서 다윗이 믿는 신념과 믿음을 우리도 벤치마킹 했으면 한다.

초등학교도 제대로 마치지 못한 정주영 전 현대그룹 회장이 지레 겁을 먹고 포기하거나 반대하는 사람들에게 던진 말, "너 직접 해 봤어?"라는 말에 스스로 대답해 보라. 필자 역시 회사에서 업무를 지시받고 잘 검토해 보거나 시도해 보지 않고 안 된다는 말부터 하는 후배들을 볼 때마다 답답하고 또한 나의 상사도 나에게 그런 것을 느꼈으리라.

지시할 때 해보지도 않고 근거도 없이 진행이 어렵다고 한다면 그 사람에게서 다른 사람에게로 일을 정리(Arrange)하게 된다. 후배를 지도하고 끌고 나가야 하지만 조직은 그런 시간을 할애할 만큼 여유가 별로 없다. 능력이 부족하여 그것을 연마하겠다고 해도 잘 기다려주지 않는다. 능력 있는 사람으로 빨리 대처하는 게 조직이다. 그렇다고 위험천만하거나 온통 리스크뿐인 일을 무작정 추진하라는 얘기는 아니며 해 보지도 않고 포기하는 것을 지양하라는 의미다.

건전한 시도는 목표를 이루는데 없어서는 안 될 중요한 요인이다. 만약 어떤 문제가 어려울 것이라고 생각하여 접근조차 하지 않는다면 영원히 그 문제를 풀 수 없을 것이다. 골리앗을 만나듯 정면으로 부딪쳐 보라.

산과 산 사이에 길을 내기 위해 우직하게 자손 대대로 흙을 퍼 날랐다는 우공이산(愚公移山)의 이야기처럼 끊임없이 시도해 보라. 처음에는 미미할지라도 시간이 흐르면서 계속 누적되면 큰 흙무더기가 되고 나중에는 산을 옮기게 될 것이다. 가냘픈 물줄기가 오랜 세월 동안 풍화와 침식을 거듭하면서 길을 바꾸고 산을 변형시키지 않는가.

어떤 일을 시도하는데 도움이 될 여섯 가지 체크 항목, 이른바 C-PCDCA-C를 아래에 제시했는데, 일반적으로 널리 쓰이는 PDCA 사이클을 보강한 것이다. 한 번에 달성하기 어려운 목표라도 한 걸음 한 걸음 신중히 나아가면 분명히 목표에 가까워지게 될 것이다.

일을 수행할 때 아래를 접목해 보자

① Check : 리스크를 신중히 따진다. 내가 감수할 수 없는 것인가?

② Plan : 만약 Check가 되었다면 단계적으로 실행할 계획을 수립한다.

③ Check : 계획이 수립되었다면 다시 크로스 체크(수직적·수평적)를 한다(여기서 문제점이 발생하면 ②번으로 되돌아간다).

④ Do : 실행한다.

⑤ Check : 중간 결과를 확인하고 피드백을 한다(여기서 문제점이 발생하면

④번으로 되돌아간다).

⑥ Action : 확산 · 확대한다.

⑦ Check : 결과를 확인하고 피드백 / 성과를 측정한다(여기서 성과나 결과 여부에 따라 ④, ⑥번부터 Cycle를 반복할 수 있다).

　단, 지속적 Check의 반복은 Speed와 원가 저해 요소가 될 수 있고 또한 비생산적인 기계적인 업무가 전체 업무의 발목을 잡을 수 있어 Activity의 Yield(수율 – 투입량 대비 완성품 비율) 즉, 업무의 신뢰성이 높아진다면 단계적으로 check를 제거하거나 감소시키는 것이 바람직한 모습일 것이다.

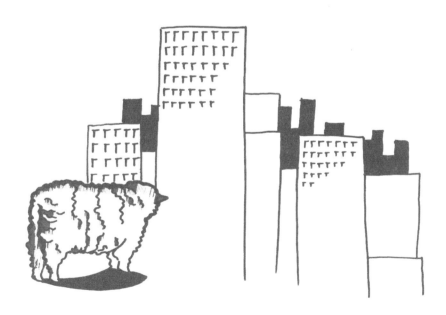

2부에서는 회사에 잘 적응하는 기본기를 세 가지로 나누어 살펴본다. 첫 번째로 관계의 장인 회사 안에서 관계를 잘 맺고 유지하는 데 필요한 것들, 두 번째로 회사에서 성과를 내는 데 도움이 되는 것들을 함께 해보고, 마지막은 회사에서 눈에 띄게 성장하고 진화할 수 있는 원동력은 무엇인가 고민해 보자. 이를 통해 자기만의 기준과 노하우를 정립했으면 한다.

2
PART

사회 적응
이렇게 하라

자신이 가치 있는 존재라는 느낌, 곧 '나는 귀한 사람이다.'라는 것은
정신 건강의 본질이며 자기 훈련의 바탕이 된다.
왜냐하면 사람은 자신이 귀하다고 생각할 때 필요한 모든 것을 동원해
스스로를 돌보기 때문이다. 자기 훈련은 자기를 돌보는 것이다.

－M. 스콧 펙

1
Chapter

회사는 관계의 장

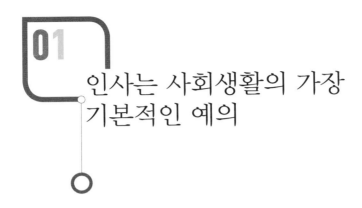

01 인사는 사회생활의 가장 기본적인 예의

사랑의 비결은 예의 바른 행동이다.

– 발타자르 그라시안

'사람들은 어떤 대상에 익숙해지면 자기도 모르는 사이에 그 대상을 좋아하게 된다고 한다. 이는 자기를 좋아하는 사람들을 좋아한다는 상호성의 원리다.'

– 로버트 치알디니

삼성반도체에서 개인적으로 친한 그리고 나름 잘 나가는 임원 중 한 분은 지식과 열정이 넘치며 주변 사람을 아끼고 포용한다. 또한 선배를 존중하고 후배를 사랑하는 사람이다. 필자의 의견만 그런 것이 아니고 지인들과 만나서 이야기 하다보면 그 사람에 대해서 악담을 하는 사람을 만나보지 못했다.

그런 분들이 이 사회에 점점 늘어가야 하며 또한 미래의 주인공들이 되어야 조직과 사회와 나라가 변한다고 본다. 신입사원, 사회 초년생이 사회의 진출하여 자리잡기까지 초심을 유지하는 것이 그리 쉽지는 않지만 이러한 상사와 선배를 본받으며 따라해 보는 것도 도움이 될 것이다.

그리고 우리가 표현할 수 있는 예의 중 가장 기본적인 것은 경우에 맞는 인사를 잘 하라는 것이다. 인사는 몸에 배어 있어야 하는데 가끔 그렇지 않은 사람이 있다. 그래서 인사도 훈련해야 한다. 해당 상황이 닥치기 전에 시나리오를 생각해 보고 그것에 걸맞은 인사를 하는 것이 좋다.

유명 놀이공원이나 백화점 개장시간을 유심히 보라. E사에서 운용하는 레스토랑에서 식사 시작을 알리는 첫 인사는 일을 하기 전 모든 동작을 멈추고 모두가 환한 표정으로 동시에 고객을 향하여 인사를 하는데 그 모습이 비록 연출일지라도 인상이 깊다. 보라, 식사를 기분 좋은 일로 여기게 만드는 것 같지 않은가.

필자는 가끔 심사위원으로 아니면 품질에 대한 강의와 컨설턴트로 사내외를 다니는 경우가 많았다. 다양한 사람들이 발표하는 현장에서 발표자가 심사위원들을 상대로 인사도 잘 하지 않고 예의가 없어 보이면 심사할 때도 왠지 모르게 분위기가 다운되고 발표자의 말보다 자료에 집중하게 된다. 다 그런지 모르겠지만 발표자의 회사나 개인에 대해서도 일부 선입관을 갖게 된다. 심사결과 집계 때도 심사위원들 역시 무언으로 그런 점이 일부 작용하는 듯하다.

신입사원이 사회에 진출했을 때 인사는 회사생활에서 가장 기본적인 예의이다. 인사를 하면서 사람을 알게 되고 알게 되면 사람을 좋아하는 상호성의 원리가 작용할 것이다.

필자는 대부분 만나는 사람에게 먼저 인사를 한다. 혹은 내가 인사하는 시기를 놓쳤을 때 상대가 먼저 인사를 해 오면 순간 조금 당황스럽지만 고맙고 미안하다. 다음은 내가 먼저 인사해야지 그런 마음을 품고 내가 빚졌다는 생각도 한다. 사이가 좋지 않은 사람이라면 닫혀 있던 마음의 문이 열리고 시야가 넓어지는 느낌도 든다.

여러분도 그렇지 않은가? 내일 아침 출근길에 모르는 사람을 만나면 먼저 힘차게 인사를 해 보며 하루를 시작해 보자.

02 신뢰는 모든 성공의 지름길

설사 모든 사실과 수치, 뒷받침하는 증거, 원하는 지지를 얻더라도 신뢰를 얻지 못하면 성공할 수 없다.

– 네일 피츠제럴드

B대 심리학 교수님의 강의를 청강한 적이 있다. 강의 중 데리고 있던 졸업반 제자들의 말과 행동, 그리고 신뢰와의 관계를 심리학적으로 언급하였다.

교수님 제자 중 석사 3명이 샘플로 등장하였는데 교수님 연구실에서 일을 도와주던 학생들 중 여름 찜통더위에 에어컨이 시원하다고 한 학생이 언급하면서 "교수님 학교에 너무 감사하네요. 전기세도 많이 나올 텐데 이렇게 에어컨도 틀어 주구요." 했다는 것이다.

그러자 옆에 있던 한 학생 왈 "야, 우리가 등록금 낸 것으로 학교가 해주는 건데 이런 건 당연한 것 아니야?" 하였고 그것을 먼발치에서 들은 교수님은 모른 체 하였고 이후 종강 파티에서 학생들에게 수고했다고 밥을 사주는 시간이 있었다고 한다.

식사 후 학생들은 교수님께 자연스럽게 감사 인사를 하는데…. 이때 학생들 표현과 교수님의 감정을 묘사해 보았다.

> 학생1 (에어컨 관련 학교에 감사한 학생) : "교수님 덕분에 식사 맛있게 먹었습니다. 감사합니다." 당연히 교수는 기분이 좋았고 진정한 감사라고 느꼈다고 했다.
>
> 학생2 (등록금으로 에어컨 트는 것 관련 언급) : "교수님 맛있는 거 사주셔서 덕분에 잘 먹었습니다. 감사합니다." 첫 번째 학생보다 고개를 더욱 숙이며 감사를 표현했지만 교수의 귀에는 전혀 감사하게 들리지 않았고 오히려 가식적으로 보였다고 한다. 그 이후 그 쫀쫀한 교수님의 복수가 계속되었다. 학생2의 성적은 학생1에 비해 매우 우수했지만 대기업 입사원서 1장이 도착했을 때 추천서는 학생1에게 돌아갔고 교수님의 심리학 교보재로서의 학생2는 계속 악의 축 샘플로 계속 활용되었다(이성·감성이란 제목으로 말이다).

샘플이긴 하지만 이렇듯 신뢰는 그냥 얻어지는 것이 아니다. 말과 행동을 진실하게 하는 것, 이것이 신뢰의 기본이다. 또한 설사 나에게 해로울지라도 어떤 약속을 했으면 지키는 것, 그것이 신뢰의 기본임을 명심하자.

신뢰를 쌓는데 중요한 일 중의 하나는 상대방의 이름을 중요하게 여기고 잘 기억하는 것이다. 사람들이 가장 듣기 좋아하고 관심이 있는 것은 바로 자기 이름이기 때문이다. 카네기 철강의 설립자인 앤드류 카네기의 성공 비결 가운데 하나는 사람들의 이름을 잘 기억하는 것이었다.

카네기가 어렸을 때의 일이다. 소년 카네기는 토끼를 기르게 되었는데 시간이 지나면서 새끼를 자꾸 낳다 보니 먹이를 대기가 힘들어졌다. 카네기는 동네 아이들을 불러 모아 한 가지 제의를 했다. 토끼에게 먹이로 줄 풀을 뜯어 오는 아이에게 자기 이름을 그 토끼에게 붙여 준다는 것이었다. 계획은 성공적이었다. 자신의 이름을 딴 토끼가 생긴다는 생각에 아이들은 열심히 풀을 뜯어 왔다. 이것이 사업가 카네기를 있게 한 원동력이 아니었을까?

여기에 더해 회사에서 신뢰를 쌓기 위해서는 주변 사람들을 헐뜯기보다 칭찬을 해 줘야 한다. 특히 아랫사람들 앞에서 윗사람을 칭찬하고 보호해 주면 윗사람뿐만 아니라 아랫사람의 신뢰를 얻을 수 있다. 숨어서 누군가를 헐뜯고 비난하면 얼마 지나지 않아 그것이 부메랑이 되어 다시 나에게 돌아와 신뢰를 잃게 마련이다. 상사와 후배를 보이지 않는 곳에서 칭찬해 보자. 비록 당사자가 그 자리에 없더라도 이렇게 보이지 않는 곳에서 얻은 신뢰의 힘은 더욱 강하다.

상사가 칭찬을 많이 하면 아랫사람들이 신바람 나게 일하는 분위기가 조성된다. 이렇게 상사는 부하 직원들을 칭찬해야 한다고 당연히 여기지만, 한편으로 부하 직원들이 상사를 얼마나 칭찬하고 격려해 주는가에 대해 주의를 기울이는 이는 별로 없다. 같이 식사하면 밥값을 계산해 주고, "고생했다.", "수고 많았다."고 하는 것이 상사라서 당연히 해야 할 일만은 아니다. 상사의 호의에 대해서 고맙다는 답례조차 하지 않는다면 이것은 안 될 일이다. '나처럼 유능한 직원을 데리고 일하려면 그 정도는 기본이지.' 하고 생각하는 직원도 있다.

하지만 상사도 회사에서 일하는 한 일원이며 사람인지라 칭찬을 받으면 기분이 좋아진다. 상사라고 늘 베풀기만 할 수 있겠는가? 건강한 인간관계의 기본은 주고받음이다. 주기만 하고 받지 못하거나 받기만 하고 주지 않는 관계는 오래 가지 못한다. 상사와 부하 직원의 관계도 마찬가지다. 상사가 잘해 주면 고마움을 느끼고 또 고맙다고 표현해야 한다. 그리고 상사가 칭찬받을 만한 일을 하면 마땅히 그를 칭찬하고 격려해 줘야 한다.

03

작은 것이라도 정성을 다하라

> 지극히 작은 것에 충성된 자는 큰 것에도 충성되고, 지극히 작은 것에 불의한 자는 큰 것에도 불의하니라.
>
> – 성경 눅 19:17

성경에서도 작은 일에 충성하는 자에게 큰 달란트가 주어지는 샘플 말씀이 있다. 어디서든 큰일은 작은 일들로 이루어지고 작은 일들이 모여서 큰일이 된다. 세계 최고 높이의 버즈두바이, 샌프란시스코 골든 브리지는 작은 자갈과 모래에서 비롯되었고, 그리스 신화에 나오는 트로이 전쟁은 여신들의 작은 자존심에서 시작되었다고 전해진다.

필자는 삼성 재직 시 업무상 중소기업 대표님들과 만날 일이 종종 있었는데 그들이 어떻게 사원을 뽑는지를 듣곤 했다.

면접 때 궂은일을 할 수 있는지 물어보면 대개 무엇이든지 하겠다고 대답하는데, 입사 후 실제 잘 하는 사람이 있는가 하면 그렇지 못하는 신입사원이 많다고들 한다. 복사를 시키면 복사만 해오는 사람, 복사를 하고 스테이플러로 찍어오는 사람, 복사 후 필요 부분에는 간지를 넣고 메모지를 붙여오는 사람 등 제각각인데, 이처럼 복사 한 가지로도 한 사람이 평가될 수 있다.

앞서 이야기한 하인리히 법칙, 깨진 유리창의 법칙, 나비 효과와 마찬가지로 대부분 큰일들은 작은 일들로부터 시작된다. 작은 것이 모여 점차 큰일로 확대되면 나중에 그 큰일은 상상하기 힘든 수준의 일로 발전하게 된다.

일의 가치나 우선순위를 따지는 습관을 가지며 업무를 실행하되 작은 일이라도 조직과 회사의 이익에 부합된다면 나서서 도와주고 정성을 다해서 임하길 바란다.

또한 어려운 일을 당한 사람을 모른 체 하지 말고 작은 도움이라도 주어라. 어려울 때 받은 도움은 기억에 오래 남는 법이며 그 또한 언젠가는 반갑게 그리고 나도 모르는 사이 긍정적 신호로 되돌아올 것이다.

필자가 아는 후배 한 사람은 가까운 부서가 아니라도 경조사 일이라면 발 벗고 나서서 도와주고, 누군가 상을 당하면 장례식장이 어디든 찾아가 일을 돕는다. 그의 업무 능력은 뛰어나진 않지만 많은 사람들이 그를 좋아하고 따르며 찾곤 한다.

업무적으로든 개인적으로든 내가 어려울 때 도움을 준 사람과는 절대 잊을 수 없는 네트워크를 형성하게 된다. 무언가 바라고 한 일이든 그렇지 않든 제임스 앨런의 원인과 결과의 법칙처럼 언젠가는 무엇으로든 돌아오게 마련이다.

04 혼자만의 시간을 가져보라

우리는 많은 경험을 통해 새로워지고 그 과정을 통해 나 자신의 또 다른 모습을 알아간다. 가끔은 스스로 예상치 못한 새로운 나를 만날 때가 있고 또 가끔은 익숙한 나를 만날 때도 있다. 이렇듯 내 안에 다양한 내 모습이 존재한다. 이런 모습들을 발견하기 위해서는 다양한 경험을 해 봐야 하고, 또 그러기 위해서는 자기 자신과 함께

하는 시간을 가져야 한다.

회사에서 일에 파묻혀 있는 동안 갈수록 에너지가 소진되고 삶이 단조로워지는 것을 느낄 것이다. 하루에 30분 이상 회사 일 말고 다른 데로 관심을 돌려 보았으면 한다.

책이나 잡지를 보거나, 음악을 듣거나, 유명 강사의 강의를 듣거나, 백화점이나 쇼핑센터에서 최신 쇼핑물의 트렌드를 구경하거나, 아니면 도서관에 가서 책 보는 사람들이라도 구경해 보라. 취미가 있건 없건 직업으로 가진 일 외에 다른 무언가를 해 봐야 한다. 그러는 사이에 에너지가 다시 충전되고 창의력이 샘솟는 것을 느낄 수 있을 것이다.

자기 일에 만족하지 않더라도 그 일을 계속하면서 살아가야 하는 경우가 많다. 그런데 일에 지치면 진정한 자기를 발견할 수 없을 뿐더러 점차 자기를 잃게 된다. 일이 아무리 중요하더라도 자기 자신보다 소중한 것은 없다.

내가 어디서 왔고 어디로 가는지 무엇을 하고 있는지 자기 삶의 여정을 돌아보면서 자기를 발견해 보았으면 한다. 자신이 올바로 나아가고 있는지 점검해 보고 자신의 정체성을 찾는 사람이 오히려 회사를 위해 장기적으로 발전을 추구하는 사람이라고 생각된다. 우유부단하고 피동적이며 스스로 일의 도구인양 어쩔 수 없이 회사생활을 하는 사람은 회사에 도움이 되는 인재상이 아니다.

요즘 사회 초년생에 비해 중년 세대는 자기 표현을 잘 하지 못하고 일에만 파묻혀 살아가는 사람들이 많다. 자신을 돌아볼 시간적 여유를 갖지 못하고 자기 자신을 잃은 채 살아가는 것이다. 나 자신을 발견하기 위해, 재충전을 하기 위해 나 자신과 함께하는 시간이 거의 없이 지내온 것 같다. 나 자신을 위한 시간을 가지려면 다른 사람들의 방해, 게임과 같은 흥밋거리, 일상의 걱정거리 등을 일정 시간 차단해야 한다. 나 자신만의 시간과 공간을 마련하고 규칙적으로 나에게 할애해 간다면 그 시간은 나 자신에게 다시 힘을 얻는 시간이 되며 정신과 영혼의 안식을 작게나마 찾게 되는 시간이 될 것이다.

필자는 아무리 일이 바쁘더라도 평일의 1~2일 정도 퇴근 후 기도원에서 보냈고 그 기간도 10년을 넘었다. 물론 신께 내가 원하는 것에 대한 기도를 드리러 가는 것이지만 한편 나 혼자만의 시간을 가질수 있어서 좋고 또한 그 시간은 남을 용서하고 나를 반성하게 하며 평상시를 감사하게 하는 시간이 되기도 한다.

밤에 인적 없는 숲속의 시간은 나에게는 회복의 시간이다. 그 시간속에서 나와 가족 그리고 내가 속한 곳이나 다른 사람을 위해 기도도 하며 나 자신을 돌아본다. 요즘은 예전과 달리 생활 패턴이 바뀌어자주 기도원에 가진 못하지만 그동안 나 자신에게 많은 치료와 충전의 시간이 되었던 것은 사실이다.

모든 사람이 자기 치유와 회복, 그리고 안정하는 방법이 다르긴 하지만 지극히 개인적인 시간을 가져보기 바란다. 하루 단 몇 십분 만이라도 나만의 시간과 공간을 가져라. 산이 아니더라도 독방이 아니더라도 편안한 산책길과 오솔길, 야외 벤치, 커피숍의 빈 좌석을 이용해도 좋다.

평소 눈코 뜰새 없이 바쁜 스케줄에 항상 쫓기다 보면 점차 나는 어디로 가는 것이고 보이는 것은 세상 걱정과 근심, 긴장과 초초, 불안 때문에 건강에도 영향을 미치고 비단 그것은 사회생활에도 영향을 미친다.

　친분과 인기, 물질, 명예, 권위 이것들만을 위한 분주함, 이를 위한
자기의 내몰림은 결국 에너지가 방전되어 자신에게도 해가 된다. 그래
서 직장에선 작업 능률이 떨어지고 경쟁의 틀에서는 타인을 이해하거
나 용서하기도 힘들며 이로 인해 사랑하며 산다는 것도 모르게 된다.

　그러나 내가 마음의 평안을 찾고 내가 나를 이해한다면 더욱 자신
의 자존감이 높아지며 내 마음에 기쁨, 소망, 사랑, 용서, 인내 등이
생겨날 것이고 나와 내가 속한 곳 나아가 이 사회에도 좋은 영향을
미치게 될 것이다.

　나를 돌아보는 시간을 갖는다는 것은 곧 나를 사랑하는 일이다. 나 자
신에게 투자하는 시간은 나 자신을 치유하고 회복하는 의미 있는 시간
이 될 것이며 이런 에너지가 타인과 내가 속한 조직에 확산될 것이다.

신인 때 가장 큰 스트레스는 미래에 대한 불안감이다.
미래에 대한 고민으로 밤을 샌다.
그런데 늘 그것만 고민하고 정작 해야 할 될 것을 안 했다.
중요한 건 그게 아니고 당장 할 일이다.

– 국민 MC 유재석

회사는 성과의 장

SUCCESS

01

목표가 없는 직장생활 모래섬에 집 짓기

하루가 다르게 새로운 기술이 등장해 우리의 삶은 더욱 빠르고 편리해지는 만큼 우리는 다람쥐 쳇바퀴 돌듯 정신없이 바쁘게 살아가고 있다. 회사에 출근하면 업무 시간 내내 자신에게 주어진 본연의 업무는 물론이고 급하게 떨어진 상사의 수명업무나 타 부서의 업무 협조 요청까지 다양한 업무를 수행한다. 해도 해도 일은 줄어들 줄 모른다.

　업무의 추진에 있어서 목표는 캄캄한 바다에서 밝게 빛나는 등대와 같다. 목표는 단기 목표, 중기 목표, 장기 목표로 구분할 수 있다. 기업에 따라 업무의 특성에 따라 다르지만 대개 하루 또는 한 달 단위의 목표는 단기 목표, 분기 또는 한 해 단위의 목표는 중기 목표, 2년 이상의 목표나 자신의 꿈과 같은 것은 장기 목표다. 회사 일과 관련된 목표는 나만의 목표에서 머물지 않고 부서장, 동료들의 목표와 연계되어야 한다. 그래야 나와 함께 회사가 성장한다.

　목표를 정하면 상사의 피드백을 받아라. 이런 과정을 통해 목표가 더 구체화되고 실현 가능해진다. 개인적인 목표라면 친한 형이나 선배에게 피드백을 받아보자. 하늘은 스스로 돕는 자를 돕는다는 말처럼 목표를 공유하면 주변 사람들이 목표 달성에 도움을 줄 것이다.

　우리의 몸은 여러 가지 일을 동시에 수행하기가 어렵다. 한 손으로 컴퓨터를 하면서 다른 손으로 글을 쓰기가 어렵듯이 한 가지 일에만 집중할 수 있게 되어 있다. 따라서 일의 가치에 따라 우선순위를 정하는 것이 좋은데, 그렇다고 해서 항상 중요하고 주목받는 일만 하라는 것은 아니다. 때로는 문서를 복사하거나 청소를 하거나 공용 물건을 정리하는 일도 가치 있는 일이다.

　한 번은 필자가 한 부하 직원에게 어떤 일을 지시했는데 그가 바빠서 도저히 못하겠다고 했다. 도대체 무슨 일로 그렇게 바쁜가 알아보니 업무가 아닌 자기가 좋아하는 일로 일정이 빈틈 없었다. 어떤 때는 나름 바쁘게 일을 많이 했는데 회사에 해가 되는 경우도 있었다.

　그래서 공동의 업무 가치와 배치되는 일을 조정해준 적이 있었다.
이렇듯 일의 가치를 선배나 상사와 상의해 보고 실행에 옮기는 것도
좋다. 혹 우선순위를 정하는데 어려움이 있다면 TPM 기법의 매트릭
스 기법(T, L, XY형), 식스시그마 기법의 FDM, 특성 요인도 등을 이용
하면 도움이 될 것이다.

　예전에 후배가 배우자 선택 문제로 고민을 해서 매트릭스 기법을
적용해 본 적이 있다. 매트릭스 기법을 이용해 여러 명 중에서 한 여
성을 선택하였고 후배는 그 선택에 대해 고민과 갈등이 없어졌다고
했다. 이후 그 후배는 결혼을 누구랑 했을까? 여기까지는 알 필요가
없을 것 같다. 감성적인 내용에 Tool을 쓴다는 게 지나보니 조금 우
습긴 하지만… 업무에서의 우선순위 등을 기계적으로 결정할 때 주
로 활용해 보기 바란다.

상사는 제대로 된 보고를 기다린다

> 보고의 기술을 익혀 자유자재로 구사한다면 '일 잘하는 사람'으로 거듭날 것이다.
>
> — 이토후시 마사지

회사원들이 착각하는 것 중 하나는 상사는 모든 업무를 다 알고 있고 부하 직원이 하는 모든 일을 잘 파악하고 있다고 생각하는 것이다. 하지만 조직이 작은 관리자라면 그나마 다행이지만 수백 명 되는 조직 관리자는 직원들의 이름도 잘 모른다.

부하 직원이 상사에게 보고하지 않으면 상사는 부하 직원이 무슨 일을 하고 있는지 또 어떤 목표를 갖고 있는지 잘 알 수가 없다. 신입 사원은 초기부터 보고의 대상이 탑 매니저가 아니라 중간 관리자나 간부 등이 될 것임으로 적절히 보고를 잘 함으로써 자기를 어필하고 조직과 상사와 일심동체가 되도록 해야 한다.

그렇다면 어떻게 보고를 해야 할까? 어떤 보고 방법이 효과가 좋을까? 보고서는 간결하게 작성하는 것이 좋을까 아니면 상세하게 작성하는 것이 좋을까?

그것은 우선 보고자의 성향에 따를 것이 아니라 보고를 받는 사람의 입장에서 그가 선호하는 방법을 선택하라. 상사의 스타일에 맞추라는 것이다.

보고서는 흔히 5W2H(what, who, when, where, why, how, how much)에 의해 간결하게 정리할 수 있다. 구두로 보고할 때에는 먼저 결과를 알리고 그 결과의 배경이나 앞으로 어떻게 진행되면 좋을지를 말한다. 구두 보고의 가장 좋은 방법은 엘리베이터 스피치로, 엘리베이터를 탄 상태로 내릴 때까지 3분 내에 모든 내용을 간결하게 빠짐없이 보고하는 것을 말한다.

누구나 보고를 피해 갈 수 없다. 심지어 대통령도 국민에게 보고를 한다. 필자의 경우 현장의 팀장과 파트장, 고위 임원의 스태프, 기획업무를 하면서 주로 보고하는 역할을 많이 했다. 어떨 때는 보고해야 할 내용의 무게가 너무 무거워서(품질 불량으로 인해 손실 금액이 수십 억, 수백억 원에 달할 때, 고객의 중요한 Sample에 치명적 문제가 생겼을 때, 인적 사고가 발생 했을 때 등) 이런 것들이 잘 마무리되기를 기도하며 보고 하기도 했다. 그런 보고는 누가 하더라도 피해갈 수가 없기에 정확하고 신속하며 또한 대응책을 세운 다음 상사에게 선택권을 주는 것도 보고의 요령이다.

안을 세울 때는 기안자의 입장이 아닌 상사나 조직, 그리고 고객이 원하는 내용을 잘 조합하여 세우는 것이 중요하다.

가장 좋은 보고란 보고를 통해 의사 결정에 도움을 줄 수 있거나 의사결정을 내릴 수 있는 경우다. 그냥 상사가 현황 파악만 하고 폐기하는 보고는 그리 바람직하지 않은 보고다.

무엇이든 보고가 되었다면 투입한 In put(시간, resource)에 대한 정량적이든 간에 Out put이 나와야 한다. 문제는 있으나 과정 정리와 결론이 없는 번지르르한 보고서는 시간 낭비일 뿐이다. 단 한 장으로 된 보고서라도 상사와 조직이 이를 정확히 파악할 수 있고 결론에 도달하는데 도움이 되도록 구성해 보고 고민해 보자.

상사가 원하는 보고서

① 간결하고 기승전결이 명확해야 한다. "그래서 어쨌다는 거야?"라는 질문이 나오면 그 보고서는 시작부터 마이너스이다.

② 왜 이 보고를 하는지 이해하고 이해하도록 만들자.

③ 의사 결정자의 입장과 고객(내 · 외부)을 고려한다.

④ 논리적 · 정량적 수치를 활용한다.

⑤ 시기와 목적에 따라 선택하여 보고한다

    - 시기 : 수시 보고, 초기 보고, 중간 보고1, 중간 보고2, 결과 보고 등

    - 보고의 종류 : 구두 보고, 서면 보고(정식 문서 보고, 메신저, 문자 등)

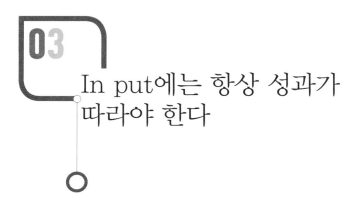

03

In put에는 항상 성과가 따라야 한다

성공은 당신에게 가지 않는다. 당신이 성공에게 가는 것이다.

— 마바 콜린스

회사에서 하는 일들을 좋은 성과로 연결시키기란 정말로 어렵다. 하지만 회사에서는 모든 일이 좋은 결실을 맺어야 나도 회사도 장기적으로 함께 갈 수 있다.

또한 어떤 배경으로 어떻게 처리된 결과인지 그 과정이 담겨 있어야 한다. 그렇다고 회사에서 성과에 연관된 일만 하는 것은 아니다. 그렇기 때문에 성과로 연결시키는 작업은 더욱더 중요하다. 이는 자기 자신뿐만 아니라 조직이나 상사 및 회사에게도 매우 중요하며, 그래야만 조직과 회사가 유지될 수 있기 때문이다.

그렇다면 어떻게 일을 성과로 연결시킬 수 있을까?

타임머신을 타고 미래로 가본다고 상상해 보자. 먼저 성취될 결과를 구체적으로 상상하고 느껴 본다. 좋은 결과가 이루어졌을 때 어떤 보상이 있을지 생각해 보고, 그런 결과를 얻기 위해서는 구체적으로 어떤 성과를 보여야 하는지 적어본다. 그리고 어떤 활동을 해야 하는지 항목들을 적어 나가는데, 이렇게 하다 보면 단기, 중기, 장기 성과로 나눌 수 있고 일의 흐름에 따라 활동의 우선순위가 정리될 것이다.

이렇게 정리된 내용을 친한 선배나 상사와 공유하고 일을 성공시키는데 무엇을 지원해 줄 수 있는지 알아본다. 그리고 일을 진행하다가 문제가 발생했을 때 누구에게 조언을 구하면 될지도 파악해 둔다.

이제 자신의 목표와 부서 및 회사의 목표가 연결되고 진행 과정 중에 도움을 받을 수 있는 든든한 조언자도 정해졌으니 일의 성취를 향해 달려갈 일만 남았다. 이는 기본적인 성과 프로세스이며 이 과정에서 시간 관리, 인맥 관리, 보고의 습관화 등 회사에 적응하는데 필요한 항목들을 잘 실천한다면 궁극적으로 하루 일과가 성과로 연결될 것이다.

신입사원 입장에서 제안, 특히 보고서로 업무를 차근차근 마무리해가는 것이 성과를 표현하는 기본임으로 작은 일부터 잘 정리하도록 하자.

OA는 직장생활의 기본

오늘날은 모든 업무가 컴퓨터로 처리되는 IT 시대다. 요즘에는 회사 내 시스템이 자동화되어 있는데, 그렇다 하더라도 표준에서 벗어난 예기치 않은 문제를 해결할 때나 다른 관점에서 분석이 필요할 때는 원 데이터를 분석할 수밖에 없다. 특히 엑셀은 데이터를 분석하는 데 최고의 툴이며, 이외에도 파워포인트, MS워드 등은 회사 업무의 기본 도구이니 회사에 입사하기 전에 기본 기능을 익혀 두기 바란다. 이밖에 통계 프로그램, 설계 프로그램 등을 알아두면 유용하게 사용할 Tool들이 많다.

OA는 회사 일을 시작하기 전에 반드시 습득해 둬야 할 사전 학습 과제다. 필자는 대리급 이상이 OA 교육 입과를 위해 결재를 올리면 결재를 해주지 않았었다. 중견사원 이상이라면 모든 OA를 통달해 실력을 발휘해야 할 때다. 회사 업무를 며칠씩 빠지면서 OA 교육을 가겠다는 것은 기본이 안 된 자세다.

그러므로 회사 입사 전 그런 기본적인 역량을 갖추는 것은 당연하고 만약 부족하면 개인적으로 학원을 다니든 독학을 하든 연마해야 한다. 회사에서는 최소한 기본 정도는 준비되어진 사람을 원한다. 어렵사리 입사하여 일과 시간에 OA를 배우고자 한다면 선배나 상사는 말은 안 하더라도 답답할 것이다.

또한 회사에서는 다양한 시스템이 운용되는데 기술 엔지니어는 더 복잡할 것이다. 하나의 일을 처리하기 위해 7~8개 정도 아니 그보다 더 많은 내부 시스템을 사용해야 할 때도 있다. 자신의 업무와 직접적으로 연관되지 않더라도 어떤 시스템이 있고 어디에 활용되는지 파악해 두는 것이 바람직하다.

다른 부서에 협조를 요청할 때나 프로젝트성 태스크포스 팀에 참여할 때도 시스템을 잘 알고 있으면 일이 훨씬 수월하여 성과로 연결시키는데 큰 도움이 될 것이다.

매일 얼굴을 마주치는 사람, 친구를 소중히 여기자.
쓸데없이 가느다란 선으로 여러 사람과 연결되는 것보다
가까운 사람과의 네트워크를 두껍게 구축하는 것이 중요하다

– 미즈노 토시야

3
Chapter

회사는 성장의 장

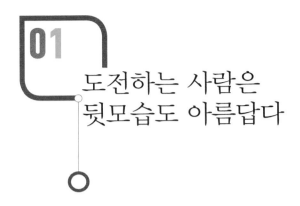

01

도전하는 사람은
뒷모습도 아름답다

> 영원히 살 것처럼 꿈을 꾸고 내일 죽을 것처럼 오늘을 살아라. 자유든 권리든 그것을
> 위해 노력하는 사람만이 향유할 권리가 있다.
>
> — 괴테

유명한 미국 영화배우 겸 감독 멜 깁슨은 무명 시절에 오토바이 사고로 깁스와 붕대를 한 채 한 영화의 오디션을 보았다고 한다. 그런 상태에서도 그는 당당히 주연으로 캐스팅되었는데, 그 영화가 바로 조지 밀러 감독의 「매드맥스」다. 매드맥스는 저렴한 영화라는 평에도 불구하고 크게 히트를 쳤고, 그때부터 멜 깁슨은 터프하면서도 정의로운 남자의 이미지로 승승장구하게 되었다. 만약 그가 교통

사고를 이유로 오디션에 응하지 않았다면, 아니 깁스와 붕대를 핑계 대고 그 장소에 나와서 시도하지 않았더라면 치열한 오디션 장소에서 감독의 눈에 띌 수 있었을까?

필자는 얼마 전 여러 마이스터 고를 순회하며 전 학년을 대상으로 'To'라는 제목의 특강을 한 적이 있다. 학생들에게 미래의 꿈을 갖게 하고 또 긍정적인 에너지를 심어 주고 싶어서 '~에게, ~를 향하여, ~를 위하여'라는 의미의 제목을 정한 것이다. 강의 후 간부들과 간담회 시간에 일부 학생들은 미래에 대한 강한 자신감과 열정을 보여 우리의 앞날이 기대되는 시간이기도 했다.

필자는 꿈을 가지고 끊임없이 도전한다면 못할 게 없다고 생각한다. 로또에 당첨되려면 로또를 사야 하듯 도전해야 쟁취할 수 있는 법이다.

필자가 입사한지 얼마 되지 않아 현장에 심각한 품질 문제가 생겼는데 반도체 제조 공정에서 발생하는 품질 불량을 잡기 위해 선배와 몇 날 밤을 샌 적이 있다. 좁은 구석에서 쪼그려 앉아 계속해 관찰하고 분석해야만 했다. 지속적인 불량이 아니라 우연히 발생하는 불량이 실험하고 잡아내기가 매우 어려웠는데, 끈질기게 문제해결에 매달린 끝에 마침내 불량을 잡게 되었다.

그런데 이 일을 계기로 필자는 갑자기 실력자로 둔갑하게 되었다. 문제가 발생했을 때 오늘 안으로 꼭 풀고야 말겠다. 그리고 오늘 안 되더라도 끝장을 보겠다는 생각과 행동이었는데 말이다. 지나고 보니 그것은 포기하지 않는 시도와 도전의 선물이었다. 필자는 그 이후에도 이런 도전과 끈기로 많은 일들을 해낼 수 있었다.

필자뿐만 아니라 필자와 마주친 사람 중에도 업무에 도전적이고 열정적으로 임하여 소위 회사에서 잘 나가는 사람들이 부지기수라 별도의 예를 들을 필요가 없을 것 같다.

'낭중지추(囊中之錐)'라는 사자성어가 있다. 주머니 속의 뾰족한 송곳은 그 끝이 주머니를 뚫고 나온다는 뜻으로, 능력과 재주가 뛰어난 사람은 두각을 드러내게 된다는 것이다. 어느 자리에서 어떤 일을 맡고 있더라도 관심을 갖고 적극적으로 의문을 풀기 위해 노력한다면 지금보다 좋은 결과를 기대해도 될 것이다.

IMF 때 대기업 대리로 있다가 해고당하고 절치부심 소프트웨어 개발에 집중하여 다시 대기업에 이를 제공·판매함으로써 거부가 된 친구가 있다. 그는 정리해고란 꼬리표를 달고 나와서인지 초기에는 위축되었고 자기 자신이 무능력하다고 자책하기도 했지만 그런 현실을 열정적인 도전으로 돌파해 지금은 소프트웨어 회사를 운용하고 있다.

또 한 친구는 회사 일과 학업을 병행해 박사학위를 취득하고 유명 대학의 교수가 된 사람이 있는가 하면, 어떤 사람은 몸이 허약해 달리기를 시작했는데 건강을 되찾았고 지금은 마라톤 풀코스를 40회나 완주한 이력을 갖고 있다. 어떤 친구는 회사 다니면서 프로복서로 데뷔해 출근할 때 얼굴에 피멍을 보이며 출근한 사람도 있다.

언젠가 호치민 대학교에 방문한 적이 있다. 베트남에서 가장 우수한 대학 중 하나인 호치민 대학교 학과장의 소개로 학생들의 공부하는 열정을 볼 수 있었다. 전반적인 인프라나 대학시설은 낙후되어 별로였지만 강의실 내부의 학생들 … 교실이 차면 강의실 복도에서 몇 시간을 공부한다고 하니 매우 인상이 깊었고, 그들의 학업에 대한 열정이 대단함을 피부로 느꼈다. 여하튼 베트남의 미래의 한 단면을 볼 수 있는 모습이다.

일뿐만 아니라 자기가 속한 것, 좋아 하는 것에도 열정을 보이자는 것이다. 회사에 와서 일에 열정을 쏟는다면 회사 일이 잘 풀려나갈 것이며 주변 사람들도 감동할 것이다. 그리고 열정을 쏟은 만큼 자기 자신과 조직도 그만큼 발전하게 될 것이다.

필자는 음악에 별 소질이 없었는데 조카가 출전한 콩쿠르에 수차례 응원하러 다니다 음악에 매력을 느껴 악기연습을 거듭한 끝에 현재는 부족하지만 교회 내 관현악단의 일원이 되었다.

어떤 목표를 정하고 열정적으로 도전해 보자. 공부든 취미든 일이든 열정적으로 도전하는 사람은 어디서든지 쓰임새 있고 사회에 필요한 아웃 라이어가 될 것이다. 주변 환경을 탓하지 말고 도전하라. 그러면 반드시 기회가 찾아오고 그 기회를 놓치지 않게 될 것이다.

02

적극성에 스펙을 달아라

세상은 열심히 하는 소수 사람들 덕분에 돌아가고 있다. 다만 효율을 중시하는 것도
중요하지만, 열심히 노력하지 않는 사람도 있다는 사실을 기억하자.

– 미즈노 토시야

필자가 반도체 공정 팀장시절, 퇴근하면서 종종 현장 평가를
팀원에게 지시하고 세부 내용도 다른 팀원이 인폼(inform) 노트에 기
록하게 했고 중요한 것은 다음 근무자에게 직접 전화를 하곤 했다.
반도체의 특성상 365일 24시간 진행되는 일이므로 퇴근 후에도 일
과 관련된 전화를 받는 일이 비일비재한데, 어떤 한 직원이 남이 써
놓은 기록을 이해하지 못하거나 조금이라도 애매한 내용이 기록되어

있으면 아무 때고 누구에게나 전화를 걸어 의문점을 해결한 후 업무를 하였다.

새벽에 수시로 오는 전화는 출근해 보면 다른 팀원들도 대부분 받곤 하여 이 때문에 직원들이 더욱 꼼꼼히 인폼을 기록하는 계기가 되었다. 처음에는 사사건건 한밤중 또는 새벽에 전화하는 상대방을 향해 머리가 안 돌아가는 건가 능력이 안 되는 건가 순간 그런 생각이 들기도 했지만 다음날 출근해 보면 일이 깔끔하게 정리되어 있어서 오히려 고맙기도 하고 칭찬을 해주기도 했다.

그 친구는 이후로도 주변 동료들에게 많은 에피소드를 남겼는데 모르는 것은 아무 때나 바로 질문하고 알 때까지 포기하지 않는 친구였지만 시간이 지나자 그의 행동이 바람직했다는 인식을 하게 되었다.

그 친구는 업무를 진행할 때 자기 담당에 대해서는 한 치의 빈틈도 없이 해내었고 그것도 재발되지 않는 라이트 액션으로 많은 팀원들의 귀감이 되었다.

어린아이가 말을 하기 시작하면 귀찮을 정도로 질문이 많아지는데 이것도 세상 이치를 알아가는 방법일 것이다. 한편 자신이 관심 있는 분야를 파고들어 최고가 되려는 사람들이 있다. 필자가 교육을 할 때도 내용에 관심이 많거나 호기심이 있는 사람은 질문을 많이 한다. 회사에서 문제를 해결할 때도 그 문제에 대해 궁금증을 가지고 의문이 많은 사람은 문제를 빨리 해결하고 주목을 받는다. 처음에는 별 차이가 없지만 파고드는 사람, 질문이 많은 사람, 모르는 것을 알려고 하는 사람은 그렇지 않은 사람에 비해 논리적 해결 능력이 앞서고 실제 문제해결에도 뛰어난 역량을 발휘한다. 아마 이런 사람들은 창조적이며 혁신적일 가능성이 클 것이다.

한편 우리가 회사생활에서 가장 쉽게 접할 수 있고 다른 사람과의 업무적 소통을 할 수 있는 자리는 아마 회의시간일 것이다. 그 시간은 참석자들로 하여금 주도자로 또는 구경꾼이거나 방관자, 대안 없는 반대자로 보이게 하는 중요한 시간이다.

흔히 회의를 하면 세 가지 유형의 사람을 볼 수 있다. 회의의 목적을 달성하기 위해 적극적으로 참여하는 사람, 일이 어떻게 돌아가든 관심 없이 지켜보는 구경꾼이나 방관자, 대안도 없이 반대를 일삼는 자가 있다. 이 중에서 어떤 유형이 회사 업무에 도움이 되겠는가? 여러분은 어떤 유형에 속하는가? 높은 직급의 사람들이 회의에 많이 참여했다고 해서 주눅들 필요가 없다.

올바른 방향을 찾는 회의에 참석했다면 당연히 소신껏 발언을 하라. 그러기 위해선 회의 전 회의목적과 주요 참석자, 그리고 배포된 자료를 한 번 훑어보면 도움이 될 것이다.

회의에 집중하면서 건설적인 대안이나 신선한 아이디어를 제시하고 문제해결을 위해 함께하려는 자세를 보인다면 자신이 불쑥불쑥 성장하는 것을 느낄 것이다. 다만 회의 시 발언은 가급적 논리적으로 요약하여 간결하게 키워드만 말하는 것이 좋다. 참석한 사람들의 시간적인 가치가 신입사원보다 많은 갭이 있기에 시간을 절약하여 발언하는 것도 참석자를 존중하는 것이다.

실제 내용을 영화화한 「아버지의 이름으로」를 보면 경찰의 조직적인 누명으로 부자와 친구들이 폭탄 테러범으로 종신형을 선고받게 되고 수십 년을 교도소에서 지낸 아버지는 결국 교도소에서 생을 마감한다. 여기에서 변호인을 맡은 가레스 페레스(엠마 톰슨)는 경찰과 정부의 강력한 저항에도 불구하고 그들의 무죄를 입증하며 누명 쓴 친구들과 게리를 모두 석방하게 하는 역할을 한다. 영화이긴 하지만 변호사 가레스 페레스가 만약 이 사건에 대해 재판부와 경찰들의 강력한 방해에 막혀 변호를 포기했더라면 이 영화는 나오지도 않았을 것이며 누명의 가장 큰 피해자인 게리와 그의 친구들은 종신형으로 교도소에서 생을 마감했을 것이다.

영화이긴 하지만 가레스 페레스처럼 우리도 회사생활의 이슈나 문제, 주어진 과제에 적극적으로 끼어들고 될 때까지 적극적으로 파고들어보자.

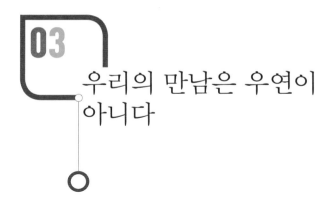

03

우리의 만남은 우연이 아니다

직장에서 주로 나를 평가하는 사람은 상사다. 상사와 나는 밀접한 관계이지만 동시에 불편한 관계이기도 하다. 서구 회사에서는 상사와 부하의 관계가 편할 것 같지만 그렇지 않다. 미국의 보스는 오히려 우리보다 더 냉정한 입장으로 채용뿐 아니라 해고에 대한 권한도 갖는다.

직장에서는 상사뿐만 아니라 동료나 선후배들과도 관계를 맺는다.

일을 하는데 이들의 도움은 절대적이며 따라서 이들의 성향을 파악해 두는 것이 좋다. 그들의 성격, 주변 인물, 좋아하는 것, 애로사항, 기념일 등을 알고 있으면 서로 돈독해져 사회 초년생으로서 직장생활을 하기에 한층 수월할 것이다. 그러나 어떤 사람을 파악하면서 조사한다는 인상을 풍겨서는 안 되며, 이를 기록해 두기도 어려운 일이다. 하지만 스마트폰을 활용하면 편할 것이다.

회사에서는 대개 일이 세분화·분업화되어 있어서 비슷한 일을 하는 여러 사람들이 한 곳에 모여 있게 된다. 그런 사람들 간에 소통이 안 되거나 서로 일을 미룬다면 성과를 이루기 어려울 것이다. 그러나 서로 일을 잘 이해하고 관심사가 비슷하면 좀 더 심도 있는 대화를 나눌 수 있고 유대감이 깊어진다. 이렇게 같은 부서 사람들과 사이좋게 잘 지내면 정보의 교환과 업무의 능률이 배가되게 된다.

자신의 업무와 관련된다면 나서서 도와주길 바란다. 어려울 때 손을 내밀어 도와주면 기억에 오래 남고 언젠가는 긍정적으로 부메랑이 되어 돌아올 것이다. 예전에 직속 상사가 교통사고의 가해자로 몰린 적이 있었는데, 그때 필자는 개인적인 인맥을 동원해 사건이 잘 처리되도록 애쓴 적이 있었다. 나중에 알게 된 일이지만 그 상사는 고마운 마음에 회사를 그만둘 때까지 알게 모르게 필자를 챙겨 주었다. 그가 회사를 떠난 이후에도 우리는 계속 좋은 관계를 이어갔다.

인간은 이성을 지향하는 감성적 동물이기 때문에 도움을 받으면 그 은혜를 갚으려고 하는 것이 인지상정이다. 의도적으로 인맥을 쌓기 위해 노력하기보다 누군가가 궁지에 몰렸을 때야말로 좋은 관계를 맺을 수 있는 기회다. 업무 중에 봉착하는 문제는 나 혼자만 겪는 것이 아니라 이미 선배들이 겪었던 문제인 경우가 대부분이다. 가까운 선후배를 소중히 여기고 섬긴다면 이런 일은 간단히 해결할 수 있을 것이다.

사람 일은 어떻게 될지 모르고 또 어디서 어떤 모습으로 다시 만나게 될지 모를 일이다. 앙숙이 동료로, 상사로, 아니면 내 목줄을 쥘 수 있는 위치의 사람이 되어 만날 수도 있다. 먼 인맥을 위해 시간과 돈을 쓰기보다 우선 주변을 챙기자. 주변 사람들에게 좋은 인상을 남기면 자연스럽게 나의 긍정적인 이미지는 전파될 것이다.

그러나 평소에 반갑게 인사를 나누며 알고 지내는 사람이 인맥이 되었다고 단언하기를 어렵다. 그냥 지인일 뿐이다. 업무, 취미, 성격 등 공감대가 형성되고 한 꺼풀 더 마음의 껍질을 벗어야 진정한 인맥이 되는데 여기에는 어느 정도 희생이 필요하다.

인맥은 앉아서 공짜로 얻어지는 것이 아니며 물질적으로든, 정신적으로든, 시간적으로든, 육체적으로든 수고를 해야 한다는 말이다. 주변을 살펴보라. 도움의 손길을 기다리는 사람이 있으므로 찾아서 기꺼이 손을 내밀어 보라.

특히 회사의 요소요소에 인적 네트워킹이 형성되어 있으면 엄청난 힘을 발휘하게 된다. 자신의 전문 분야가 아니라도 인맥의 도움을 받아 일을 빨리 처리할 수 있다면 결국 시간을 절약하고 스트레스도 덜 수 있을 것이다. 선배에게 도움을 요청하는 것 또한 인맥을 형성하는 하나의 방법이자 문제를 해결하는 능력이기도 하다. 직장 선배들은 알게 모르게 자기만의 노하우를 많이 가지고 있는데, 열심히 일하는 후배, 선배를 섬길 줄 아는 후배에게는 그 노하우를 공개할 것이다.

그리고 그 선배에게도 후배는 인맥의 한 구성원이 될 것이다.

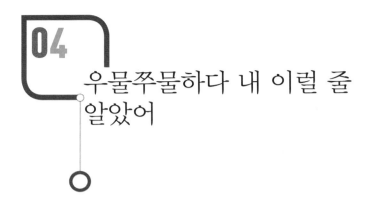

04

우물쭈물하다 내 이럴 줄 알았어

매해 연초에 대부분 사람들은 새해 계획을 세운다. 건강을 챙기자. 돈을 많이 벌자. 외국어 공부를 하자. 대개 이 세 가지를 목표로 삼는다. 이것들은 새해만 되면 반복되는 목표이자 바람이다. 왜 그럴까? 한 번에 이루기가 어렵고 꾸준히 노력해야만 목표를 달성할 수 있는 것들이기 때문이다.

몇 년 전 놀라운 기삿거리를 온 세계에 멋지게 보여주며 1만 시간의 법칙을 증명해 보인 사람이 있다. 바로 허드슨강의 주인공 체슬리

슐랜버거이다.

사람이 어떤 일에 성공하려면 1만 시간 동안 그 일을 준비하고 훈련해야 한다는 것이 1만 시간의 법칙이다. 슐랜버거는 힘겨운 실천을 착실히 해나갔기 때문에 성공한 사람이다. 너무 단순하지 않은가.

그렇다면 여러분은 성공하기 위해 어느 정도 시간을 투자하고 있는가? 우리 모두에게는 1년 365일이라는 똑같은 물리적 시간이 주어진다. 그러나 나이에 따라 심리적으로 느껴지는 시간의 차이가 있을 것이다. 주어진 시간은 같지만 그 시간을 어떻게 사용하는가에 따라서 시간의 중요함을 느낄 수가 있을 것이다.

또한 10대 때와 40~50대 때는 누적된 시간이 다르므로 사용하는 시간을 누적된 시간으로 나누면 자기가 어느 연령이냐에 따라 시간의 크기가 달라 보일 수 있을 것이다.

가수도 한 곡을 발표할 때 수천 번을 연습해야 곡을 발표한다고 한다. 프로골프 선수는 시합이 없는 날이면 반복된 연습을 12시간 이상씩 한다고 한다. 오페라 가수들은 리허설 때 그들의 표정과 행동을 몇 시간 동안이나 실전과 동일하게 연습을 한다고 한다.

이렇듯 수고와 희생 없는 행위는 성공도 감동도 없다. 그리고 그것은 누구나 할 수 있는 것이다.

미국의 극작가 조지 버나드 쇼의 묘비명은 웃음을 자아내면서도 많은 생각을 하게 만든다.

"우물쭈물하다 내 이럴 줄 알았다(I knew if I stayed around long enough, something like this would happen)."

필자가 이를 통해 깨달은 것은 실패할 것 같아 시도하지 않는 일 자체가 실패이니 끈질기게 노력하고 실천해야 한다는 것이다. 진정으로 해보고 싶은 일들을 지금부터 하나씩 실천해 보자.

할 일이 생각나거든 지금 하십시오.
오늘 하늘은 맑지만 내일은 구름이 보일는지 모릅니다.
어제는 이미 당신의 것이 아니니
지금 하십시오.
친절한 말 한마디가 생각나거든
지금 하십시오.

내일은 당신의 것이 안 될지도 모릅니다.
사랑하는 사람이 언제나 곁에 있지는 않습니다.
사랑의 말이 있다면 지금 하십시오.
미소를 짓고 싶다면 지금 웃어주십시오.
당신의 친구가 떠나기 전에
장미가 피고 가슴이 설렐 때
지금 당신의 미소를 보여주십시오.
불러야 할 노래가 있다면 지금 부르십시오.

당신의 해가 저물면
노래 부르기엔 너무 늦습니다.
당신의 노래를
지금 부르십시오.

– 찰스 해든 스퍼전

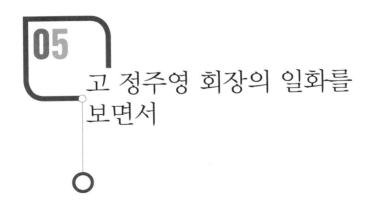

05

고 정주영 회장의 일화를 보면서

> **때를 만난 아이디어보다 더 강한 것은 없다.**
>
> – 빅토르 위고

어떠한 목적을 가지고 무엇인가를 하다보면 어렵거나 벅차서 막히는 부분이 있고 때론 능력이나 역량 부족으로 원하던 목적을 완성하기가 쉽지 않은 것들이 있다.

일이란 그 일에 따른 수행 레벨이 있고 난이도가 있다. 일의 진행이 막혔을 때 대부분은 그것을 극복하기 위해 지식, 경험, 성실, 근면 그리고 노력과 인맥 등을 동원한다. 이는 맞는 것이며 이를 통해 대부분 해결되긴 하지만 그래도 안 되는 것들이 있고 모든 힘과 노력을 기울이고 마른수건을 짜내더라도 벽에 부딪히는 것이 많다는 것을 여러분도 잘 알고 있을 것이다.

고 정주영 회장의 일화를 들어보자. 정주영 회장은 우리나라를 근대화 그리고 개발도상국을 넘어 선진국 문턱에 올려놓은 분들 중 한 분이라는 것을 누구든 부정할 수 없을 것이다. 고 정 회장의 최종 학력은 초등학교 졸업도 못한 것이 전부다. 하지만 그는 한국을 대표하는 경제인이 되었다. 그분의 정신과 태도, 행동철학 등은 지금도 우리 사회에 영향을 미치고 있다.

한국전쟁 후 전사자 묘지를 미국 대통령이 예방하기에 앞서 미8군은 벌거벗은 묘지 주변에 푸른 잔디를 심으라는 요구를 하였다. 12월 한파가 한창인데 잔디를 구하지 못한 정 회장은 대거 보리를 묘지 주변으로 옮겨놓아 온 묘지 주변을 푸르게 만들어 미 대통령의 예방을 책임진 관련자들을 흡족하게 하였다.

1984년 아산만 방조제는 우리나라에서 가장 큰 방조제 공사이며 물살이 세서 마지막 물막이 벽이 번번이 허물어짐으로 일의 진행이 더 이상 진척이 안 되자 고 정 회장이 직접 나서 폐유조선을 이용하여 마지막 샌 물막이를 막아 공사를 성공적으로 끝내면서 정주영 공법을 탄생시켰다. 또한 500원짜리 지폐에 그려져 있는 거북선 그림을 인용하여 영국으로부터 우리나라 조선소를 만드는 차관을 빌려온 것도 정 회장의 성공 일화다.

다른 예를 들어보자. 미 캘리포니아 골든 러시 때 질긴 텐트는 거친 들판이나 산악에서 광부들에게 필수적으로 필요한 것이었는데 골든 러시가 시들해지고 더 이상 금광이 발견되지 않아 텐트 수요가 급감하게 되었다. 이에 만들어 놓은 대규모 텐트 천이 쓸모없게 되자 텐트 회사 사장인 리바이스(Levis)가 고안한 것은 그 텐트 천으로 만든 청바지다. 여러분이 잘 아는 Levis 브랜드 청바지의 출발은 텐트이고 이것은 일종의 남은 자산의 재활용이었다. 이것이 최초의 청바지가 된 것이다. 요즘 이런저런 강의에 들어가 교육생들이 입은 청바지를 보면 리바이스가 생각나서 예를 들어본 것이다.

수학자 가우스는 어떤가? 어릴 적 학생들이 시끄러워지자 수학 선생님이 숙제를 내주는데 한 마디로 1부터 100까지 더한 값을 구해오라는 것이다. 반 학생 전체에 시켰는데 놀랍게도 가우스는 순식간에 이를 풀어왔다. 정답은 5050, 자연수가 가진 연속수의 성질을 이용하여 합을 구했다 한다. 공식은 $N(N + 1)/2$이다.

이와 같이 어떠한 문제를 돌파하는데 더 배우고 경험하고 꼭 인맥이 넘쳐야만 되는 것이 아닐 것이다.

십수 년 전 필자는 삼성반도체 과장 승진 교육에 참여하였는데 그때 모 대학교 교육학 교수께서 강의시간 중 설문조사 시간을 가졌다. 그때가 2000년이었으므로 '2000년 이후 21세기를 주도할 인재는 어떤 자질을 겸비해야 하는가'였다.

교육에 참여한 과장들은 현재는 고위 간부나 임원이 되어 회사를 이끌고 있는 핵심 인력들이 되었는데 그 당시 Class에는 상당수가 석·박사였고 교육 참여자들의 승진 속도도 빠른 편이라 나름 삼성에서 인정받는 간부들의 설문조사였기에 당시 필자는 설문 내용과 결과를 유심히 지켜봤고, 아직까지도 그 결과를 생생하게 기억하고 있다.

참석자 50명 정도가 응답을 하였고 응답 중에는 어학, 지식, 경험, 열정, 성실, 리더십, 인맥, 창의력 등이 섞여 나왔는데 설문 결과 21세기를 주도할 인재가 겸비해야 할 가장 중요한 것은 창의력이 50% 이상을 점유하였다. 창의력이 중요하다는 것은 익히 알고 있었지만 여러 항목 중 창의력 항목에 삼성의 인정받는 간부들의 집합체가 그런 결론을 내린 것은 필자에게 무척 인상이 깊었던 시간이었다.

그렇다. 설문조사 결과가 아니더라도 21세기는 창의력의 시대라 할 수 있다. 실제 기업의 존폐는 창의력이 승부의 열쇠라는 것을 쉽게 알 수 있다. 우리 주변에서도 몇 명 안 되는 Soft ware 회사가 어느날 갑자기 공룡 같은 Hard ware 회사보다 시총이나 매출, 순익 등 회사 규모가 점점 커지는 것을 볼 수 있고, 작은 아이디어 하나가 회사를 먹여 살리는 것을 종종 볼 수 있다. 따라서 사회 초년생, 신입사원들은 지식과 경험, 그리고 앞서 나열한 역량 등을 필수적으로 갖추려고 노력하되 그것이 전부가 아니라는 것을 기억했으면 한다. 때론 창의력이 이 모두를 커버할 수도 있음을 인식하자.

그렇다면 창의력을 키우고 발굴하고 적용하려면 우리에게 무엇이 필요할까? 처음부터 다 할 수도 그리고 모두 잘 할 수는 없지만 어떤 상황에 직면할 때, 아니 꼭 어떤 상황이 아니더라도 '안 된다, 어렵다.'라는 고정관념에 사로잡히지 말고 '된다, 되어야만 한다, 방법이 꼭 있을 것이다.'란 생각으로 임해보자.

창의적인 사람이 된다는 것을 너무 어렵게 생각하지 말며 가까이 있는 내 주변 작은 일에서부터 실행해 보자. 창의적 기법에서 사용하는 방법을 이용해도 될 것이며 책 서두에서 언급한 TRIZ이라는 Tool

도 있긴 하지만 현장이나 일상에서 흔히 적용할 수 있는 8가지 주요 방법을 제시해 보니 사용해 보길 바란다.

어떠한 상황에 직면하여 개선이 필요할 때 사용하는 8가지 방법
① 결합하면 어떨까?
② 분리하면 어떨까?
③ 크게 하면 어떨까?
④ 작게 하면 어떨까?
⑤ 거꾸로 하면 어떨까?
⑥ 대체하면 어떨까?
⑦ 용도를 변경하면?
⑧ 모양을 변경하면?

'성공 = 능력 = 창의력 > Others이다.' 라는 공식에서 창의력이 중요한 팩터이긴 하나 어떤 것인가를 꼭 성공시키고야 말겠다는 열정과 도전정신, 그것이야말로 창의력을 부르고 일으키는 원동력이 된다는 것도 잊지 말아 주었으면 한다.

회사는 관계와 성과, 성장의 장이다. 회사는 성과의 창출을 발판 삼아 지속적으로 성장해야 한다. 성장하지 않는 기업은 시장경쟁에서 밀리게 되고 밀리면 자연스럽게 도태되는 것이 수순이며 신입사원도 마찬가지이다. 회사에 합류한 이상 이제 업무를 배우며 잘 처리해야 하고 능력이든 업적이든 계속 성장해야 한다. part3에서는 어떻게 하면 일을 잘해 나갈 수 있는가에 초점을 맞췄다. part3은 크게 업무 계획하기와 업무 실행하기로 나뉘었다.

3 PART

회사에
인정받는다는 것은

나무 베는데 한 시간이 주어진다면,
도끼를 가는데 45분을 쓰겠다.
– 에이브러햄 링컨

업무 계획하기

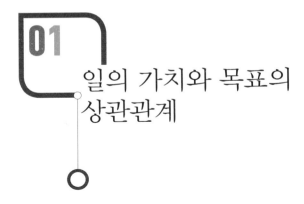

01 일의 가치와 목표의 상관관계

나는 지금 지구의 한 부분을 깨끗이 하고 있다.

– 환경미화원

누구나 입사 초기에 주어지는 단순한 일에 지치고 실망할 수 있다. 하지만 그런 단순한 일들이 앞으로의 도전적인 일의 밑거름이 된다. 작은 일도 해내지 못한다면 어찌 큰일을 맡을 수 있겠는가. 1~2년 일하러 회사에 들어간 것은 아닐 것이다. 이 회사에서 제대로 하지도 못하면서 다른 곳에서는 성공할 수 있겠는가.

작은 일 하나에도 자신의 이름이 걸렸다고 생각하라. 여러분이 손수 만든 결과물은 여러분의 얼굴인 것이다. 회사에서는 일로써 인간의 가치가 발현된다. 회사에서 자신의 존재 이유를 드러낼 수 있도록 행복을 느껴 보라.

입사의 기쁨도 잠시, 회사에 들어가기만 하면 열심히 일하리라 마음먹었던 다짐은 자신의 담당 업무가 생기고 상사의 눈치를 보게 되면서 어디론가 사라지는 경향이 있다. 해결해야 할 문제를 바라보는 시각에 따라 일이 짜증나거나 지겨울 수도 있는 반면 성취감을 느끼게 하는 삶의 의미가 될 수도 있다.

일을 바라보는 올바른 관점을 갖기 위해서는 일을 하기 전에 앞서 '이 일을 왜 해야 하는가? 무엇을 해야 하는가? 이 일은 어떤 가치를 지니는가?'라는 의문을 해봐야 한다.

일은 두 가지 원인에서 비롯된다. 첫 번째는 탑 다운(Top-down)으로, 이는 윗사람의 지시나 자신의 업무와 연관된 환경의 변화에 따라 하달되는 업무다. 입사 초기에 쉽게 인정을 받기 위해서는 이런 탑다운 업무를 잘해야 하며, 이 업무를 수행할 때는 상사의 의도를 정확하게 파악하는 것이 중요하다. 활시위를 아무리 세게 잡아당겼다 할지라도 표적을 맞추지 못하면 헛수고다. 그 지시를 왜 따라야 하는지 상사의 스타일에 맞게 상사와 의견을 조율해서 일의 목적을 분명히 해야 한다.

두 번째는 버텀 업(Bottom-up)으로, 자신이 필요하다고 회사를 위한 일이라고 생각해서 하게 되는 업무다. 이런 업무는 무엇보다 그 목적을 상사에게 이해시키는 것이 무엇보다 중요하다.

그 일을 왜 해야 하는지 알았다면 그다음에는 그 일을 통해 무엇이 개선되는지, 얼마만큼 개선되는지, 즉 일의 결과에 대한 범위와 수준을 알아야 한다. 다시 말해 일의 끝을 보고 초반 계획을 수립하라는 것이다.

다음으로 인력과 자원이 정해진 상태일 때 어떻게 하면 한정된 인력과 자원을 잘 활용할 수 있을지를 알아본다. 그리고 현재의 상태와 미래의 기대 수준 사이를 메우기 위한 방법을 수치ㆍ정량화해 보면 성과를 이루는데 한 걸음 더 다가서게 될 것이다.

02
나도 미래의 CEO

삼성생활을 오랫동안 하면서 익숙한 것이 있다면 모든 것을 수치로 표현하려고 하는 것, 세웠던 목표와 달성도를 따지는 것, 회사의 현재 상황에 관해 파악하고자 하는 것이 몸에 배었다. 특히 실적 등을 따지는 게 간부가 되면서 매우 자연스럽게 느껴졌다.

이번 달은 우리 회사와 우리 부서의 매출은, 이익은, 품질은, 문제점은, 대책은, 납기는, 담당자는, 그리고 하기로 한 것의 달성도는, 이런 것들을 정기적으로 경영진에서 알려주고 또한 데시보드(dashboard)

화 하여 디스플레이 함으로써 사원들까지도 회사 경영에 관심을 갖게 한다.

경기가 좋거나 부서의 실적이 좋을 때는 자긍심을 가지고 더욱 속도를 가해 일을 하며 또한 미래의 방향과도 어느 정도 현재의 일이 일치되고 있다는 인식 때문에 발걸음 가볍게 업무에 집중하게 된다.

반면 회사 사정이 좋지 않고 부서 사정이 좋지 않은 트렌드를 보일 때 업무에 임하는 사람들의 생각과 행동은 자신도 모르게 위기를 인식하게 되어 업무에 임하게 된다. 즉, 경영진에서 위기라고 외치기 전에 스스로 해야 할 일을 알게 되는 것이다.

비록 사원이지만 경영에 관심이 있고 회사의 경영 상태를 파악하는 사람이라면 자기의 업무에 좀 더 빠르고 정확하게, 그리고 최소의 비용과 최선의 방법으로 일을 추진하고자 할 것이다. 신입사원들일지라도 경영에 관심을 가진 신입사원과 그렇지 않은 신입사원은 차이가 클 것이다.

회사를 오래 다녔고 직급이 높다고 해서 회사에 관한 관심과 정보력이 뛰어날 것이라고 확신하기는 어렵다. 한 예로 보너스 지급은 신입사원들이 더 정확하다는 속설이 있고 오히려 그 부분에 있어서 정확성이 높다. 아마도 신입사원은 각 부서에 배치되어 있어 자기들끼리의 네트워크가 작용했으리라 여겨진다.

그래서인지 입사한지 오래되고 전문적인 일만 하는 사람들이 오히려 신입사원보다 못할 수도 있다. 윗사람들이 시키는 일만 오랫동안 하다 보면 업무와 관련된 부분에 대해서는 전문가가 될지언정 회사 일이 어떻게 돌아가고 있는지 큰 흐름을 보지 못할 수 있기 때문이다.

한편 입사 이후 사원에서 대리에 이르는 긴 시간 동안 주로 지시받은 업무만 하다 보면 내가 하는 일이 과연 회사에 어떤 도움이 되는지 자신의 업무가 하찮게 여겨져 회의감에 빠질 때도 있다. 하지만 큰 배는 선장 혼자만으로 운항이 불가능하다. 회사도 또한 마찬가지이다.

여러분이 승선한 배는 배를 운전하는 사람, 배의 기계 설비를 점검하는 사람, 해류·해풍·지형 등을 점검하는 사람, 음식을 만들거나 빨래를 하는 사람 등 작은 업무들이 유기적으로 이루어져야만 목적지까지 무사히 도달할 수 있다. 선장의 리더십으로 한두 번은 되겠지만 수년 수십 년을 과격한 바다와 싸우며 항해하는 배는 거기에 속한 일원도 한 몸 한 마음이 되어야 한다. 항해하는 배의 상태가 어떤지, 어디로 가는지, 잘 가고 있는지를 당연히 신입사원이라도 알아야 한다.

이처럼 회사의 경영 상태를 소속한 일원들이 알고 있으면 업무계획이나 태도, 업무 성과에도 큰 영향을 미친다. 일의 목표와 가치는 회사의 경영에 기여하느냐 못하느냐에 달려 있다. 일의 목적을 회사 경영에 맞춰 분석하고 이를 상사에게 각인시킬 수 있다면 성과에 가까이 접근하기에 더할 나위 없이 좋다.

회사 경영 현황을 볼 수 있는 시스템도 구축되어 있지만, 그렇지 않다면 인터넷과 신문 검색을 통해 정보를 찾아볼 수 있다. 전기 전자 업종의 경우 전문 기관인 iSUPi, IDC, 가트너(Gartner) 등의 보고서를 정기적으로 훑어보고 시장 및 기술의 흐름을 파악하는 것이 좋다고 생각된다. 더 나아가 인맥이 없어도 스스로 관심을 가지고 회사 사람들과 유대 관계를 잘 유지하면 여러 가지 정보를 쉽게 들을 수 있을 것이다.

아무리 경영진이 회사의 현 상태를 알려주며 가야 할 방향을 설정해 주더라도 당사자가 관심이 없으면 소용없다. 내가 비록 신입사원이며 사회 초년생으로 회사에 첫발을 내딛었더라도 간부가 된 느낌으로 회사 경영에 조금이라도 관심을 가져보자.

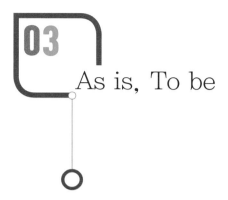

As is, To be

나무 베는데 한 시간이 주어진다면, 도끼를 가는데 45분을 쓰겠다.

– 에이브러햄 링컨

학창 시절 새 학기 때의 기분을 기억하는가? 새 교과서를 받아 들고 가슴이 설레면서도 두려움과 긴장감이 느껴지지 않았는가? 이는 새로운 회사 일을 받았을 때와도 흡사하다.

교과서를 만드는 사람들은 단어 하나 문장 하나도 세심하게 신경 써서 내용을 구성한다. 또한 더 좋은 예시는 없을까, 더 이해하기 쉽게 설명할 수는 없을까, 학년 수준에 맞는 내용인가 고민하고 협의한다. 교과서를 보면 책 제목이 커다랗게 쓰여 있고 머리말과 차례가 나온

회사에 인정받는다는 것은 | 151

다. 그리고 단원마다 학습 목표와 배울 내용의 핵심이 쓰여 있다.

만약 학습 목표 없이 수업을 한다면 어떻겠는가? 무엇을 배워야할까? 이것을 왜 배워야 할까? 이것은 어디에 도움이 될까? 이런 것들을 전혀 알지 못하는 상태에서 공부를 한다면 선생님과 학생들 모두 우왕좌왕할 것이다. 학습 목표가 없는 교과서란 이정표가 없는 길과 다름이 없다.

회사 일도 마찬가지다. 일의 목표와 회사가 원하는 이상향을 먼저 파악해야 하고 거기에 도달하기 위한 방법은 나중 문제. 성과를 이루는 기본 방식은 현재의 상태와 이상향의 차이를 없애는 것이다. 현재와 미래의 차이를 모른 채 일을 종료한다면 과연 무엇이 개선되었는지 알 수 있겠는가? 끝을 보고 계획하기 위해서는 다음과 같은 간단한 차트를 활용하길 추천한다

| 'As-is → To-be~, and How to do'의 예 |

Issue	As is	To be	How to do
출근시간 항상 지각	6시에 기상	5시에 기상	잠을 일찍 자고 시계 알람을 키운다.
흡연으로 인한 건강 악화	흡연량 하루 1갑	하루 5개피 또는 끊음	금연침을 맞는다. 냉수를 규칙적으로 마신다.
운동 부족	하루 500m	하루 2km 이상	대중교통 이용, 중식 후 산책한다.
영어가 신통치 않음	토익 500점	토익 900점	학원 등록, 하루 2시간 의무적 영어 뉴스 청취

간단한 샘플이긴 하지만 자신이 당면한 Issue들을 한 번 점검해 보기 바란다.

꿈이 실현되지 않는 원인은 그것이 비현실적이기 때문이 아니라,
그 꿈을 실현하고자 하는 노력이 부족했기 때문이다.
― 다케우치 히토시

2
Chapter

업무 실행하기

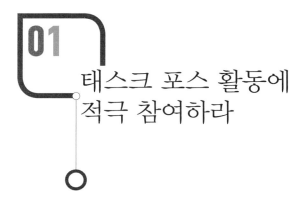

01

태스크 포스 활동에
적극 참여하라

학창 시절에 소풍을 가거나 학예회를 할 때 학생들도 모르는 사이에 팀워크가 발생한다. 이것이 바로 태스크 포스(이하 TF)다. 한 사람의 힘보다는 팀워크가 훨씬 강력하기 때문에 사회생활에서는 TF가 많이 생성되었다가 목적을 달성하면 해체되곤 한다. 평창 올림픽 유치 때도 각계 전문가들로 TF가 구성되어 성공리에 일을 마친 것을 볼 수 있었다.

신입사원들은 사회생활 초기에 많은 TF와 마주치게 될 것이지만 처음부터 참여하기는 쉽지 않다. 꼭 일이 아니더라도 야유회 등의 행사 때도 순간순간 TF가 꾸려진다. 만약 기회가 온다면 TF에 과감히 자원하고 앞장서서 활동해 보라. 리더가 지명하는 TF는 비교적 인정받는 사람들이 많이 참여하는데 거기에서 자기의 끼와 열정을 보여라. 그러면 사람들과 친해지는 계기가 되며 많은 사람들에게 일에 대한 열정을 각인시킬 수도 있을 것이다.

회사에서 자신의 존재를 알리기는 쉽지 않기에 TF는 자기 PR의 좋은 기회가 된다. 또한 자연스럽게 인맥을 형성하는 자리가 마련된다. 윗사람에게 잘 보이기 위함이 아니라 앞장서서 즐겁게 일하며 따뜻한 에너지를 발산하면 그 힘이 언젠가 다시 자신에게 돌아올 것이다.

TF는 주로 리더, 매니저, 멤버, 스폰서로 구성된다. 리더는 과제를 수행하는데 의사결정을 하는 사람이고, 매니저는 의사결정의 방향대로 실행하도록 인적 · 물적 자원을 활용하며 이끄는 역할을 한다. 또한 멤버는 부여된 업무를 수행하고 콘텐츠를 구성하며, 스폰서는 과제가 추진될 수 있는 힘을 주는 역할로 임원이나 팀장급 이상이 맡는 경우가 많다. 스폰서가 더더욱 힘이 있고 추진력이 있다면 그 TF는 주목을 받을 수 있고 과제를 수행하기도 수월하다.

신입사원은 이따금 TF 멤버로 참여하게 될 것이다. 이때 맡은 일은 정해진 기한보다 되도록 일찍 마치고 다른 멤버들에게도 좋은 아이디어를 제공하는 것이 좋다. 정해진 자신의 업무만 하려는 사고로는 업무의 지평을 넓힐 수 없고 능력을 인정받기도 어렵다. 도전적인 목표를 가져야만 큰 성과를 이룰 수 있고, 설사 목표를 달성하지 못하더라도 얻는 것이 있을 것이다. 나로부터의 변화는 일의 성과로 이어지고 곧 나 자신도 성장하는 길이다.

나는 기록으로 말한다

> 꿈을 날짜 옆에 적어 놓으면 목표가 되고, 목표를 잘게 나누면 계획이 되며, 그 계획
> 을 실행에 옮기면 꿈이 실현된다.
>
> – 그레그

필자는 1995년부터 2011년까지 사용한 컴퓨터가 5~6번 바뀌었는데 그 기간 동안의 보고서, 특허 제안서를 모두 정리해 놓았었다. 이력서를 계속 업데이트한 것은 물론이다.

보관해 놓은 자료를 바탕으로 신입사원을 교육을 시켰고, 심사위원 활동도 하게 되었으며 그에 더하여 국가품질명장 서류심사에서 우수한 성적으로 Pass하게 되었다. 어떤 품질명장 후보들은 가지고 있는 자료나 실적 보고서 등이 없어 아예 기준이 안 되거나 추천되었어도 심사에서 최종 탈락하기도 하였다.

필자는 20년 전부터 사내외에서 받은 상장 40여 점을 모아놓았고, 특허 32건, 제안 고등급의 이력도 회사 내에서 정리하고 관리했다. 이런 자료들과 정보, 정리된 실적들이 사내외에서 심사위원이나 사외의 특강 등 여러 가지 일에 참여할 때 좋은 본보기가 되었다.

이제부터 신입사원들은 작은 실적이나 이력이라도 차곡차곡 정리해 두길 바란다. 실적이나 이력은 하루아침에 정리하기는 어렵다. 미리미리 업데이트하여 준비해 두면 갑작스럽게 활용해야 할 때 용이하다. 기회는 어느 날 갑자기 찾아올 때가 많다. 진일보하겠다는 비전을 가진 사람이라면 기회가 왔을 때 놓치지 않도록 대비해 두기 바란다.

조선시대 최고의 실학자 정약용은 서얼로서 그의 자식들 또한 고위 관직에 오를 수 없었다. 모함에 빠져서 귀양살이를 할 때 그의 큰아들이 양계업을 하게 되었다는 서신을 보내왔다. 출신 성분뿐만 아니라 사농공상의 차별이 심했던 조선시대에 양반은 아니더라도 중인 신분으로 양계업을 한다는 것은 치욕스러운 일이었다. 하지만 정약용은 아들에게 '기왕 하게 되었으니 양계에 대한 책을 집필할 수 있을 때까지 정성을 다하라.'고 답신을 보냈다고 한다.

　자신이 맡은 모든 일들이 회사의 성장과 직결된다고 의미를 부여하라. 그리고 자신이 처리한 일들을 기록해 두어라. 기억은 그리 오래가지 못한다. 자신의 스타일대로 업무를 구분해 파일을 저장하라. 지금은 지식 근로자의 시대다. 나만의 스토리를 만들 수 있는 지식 데이터 베이스를 구축하자.

03 문일지십(聞一之十)

상사로부터 한 가지 업무를 지시받았더라도 일이 계속되면 상사에게 보고할 내용 외에도 그다음에는 어떻게 해야 하는지, 시간이 얼마나 걸리는지, 경비는 얼마나 드는지, 인력은 몇 명이나 투입해야 하는지 등을 물어보는 경우가 많다.

이런 상황에서 보통은 "그것까지는 확인하지 못했는데 더 조사해 보겠습니다."라고 대답하게 된다. 만일 다음 지시를 미리 예상해 보고 알아보았다면 그 조사가 완벽하지 않더라도 상사는 이 사람이 열정을 가지고 일을 추진하는 사람이라는 것은 알아줄 것이다. 이는 상사에게 인정받는 또 하나의 방법이다.

신입사원이 처음에 받는 월급은 실제로 하는 일에 비해 액수가 더 많은 경향이 있다. 회사의 입장에서는 투자의 개념으로 사원의 성장 가능성을 보고 실적에 비해 급여를 더 많이 주는 것이다. 그러나 간부의 경우에는 성과 달성이 매우 중요하며, 자신의 모든 자원을 활용해서 일해야만 자리를 지킬 수 있다. 그러므로 사원 시절에 업무를 정확히 배우고 적극적으로 일해야만 간부로 승진했을 때 부담과 스트레스를 덜 수 있다.

스스로 작은 일이라고 여기면 작은 일이 된다. 또한 이 일만 잘 넘어가야지 하는 마음가짐으로 일한다면 더 큰 일이 주어졌을 때 해낼 수가 없다. 간단한 보고서를 쓰더라도 정성을 다해 윗사람의 입맛에 맞게 준비해 보라. 상사는 성과만을 원하는 것이 아니라 그 일을 받아들이는 자세도 본다.

처음 날갯짓을 하는 신입사원에게 커다란 먹이를 잡아오라는 무리한 요구를 하지는 않지만 날갯짓을 크게 하려는 자세는 눈여겨보게 된다.

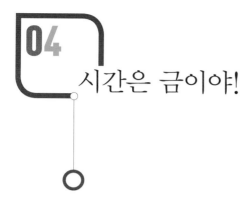

시간은 금이야!

우리 모두에게는 공통적으로 하루 24시간이 주어진다. 이렇게 동일하게 주어진 시간 동안 시험공부를 하거나 취업 준비를 하는데도 천차만별의 차이가 나는 이유는 무엇일까? 이는 목표와 의지만 있을 뿐 명확한 계획을 세우지 못했기 때문이다. 계획 없이 일하는 사람과 계획이 있는 사람이 내는 성과의 차이는 크다. 그 중에서도 시간 계획은 매우 중요하다.

내가 속한 삼성의 임원들의 비서는 일간·주간·월간 일정을 매

시간 업데이트한다. 정부의 요직에 배치된 사람들도 마찬가지일 것이다. 이들은 보통 사람들보다 시간을 가치 있게 여기며 계획에 따라 움직인다. 최근에는 스마트폰이 발달해 일정을 관리하고 약속을 잘 지킬 수 있는 툴이 많은데 직장생활에서도 일정 수립 및 확인은 필수다. 분기(3개월), 반기(6개월), 연간 목표를 세울 수도 있으나 목표가 구체적일수록 달성 가능성이 높아지므로 더욱 세밀한 계획을 원하는 사람은 한 시간 단위로 쪼개어 계획을 세워도 좋다.

내일의 목표와 해야 할 일의 우선순위를 정하고, 그 일을 이루지 못했을 때 복기와 반성, 원인을 찾아내는 것이 중요하다. 보통 일주일 단위로 월요일 오후에 업무가 시작되어 금요일 오전에 마무리가 되는데 한 주간을 짜임새 있게 계획해 보자.

목표는 실행 목표와 도전 목표로 나누고 그 가치를 구분하여 중요하고 급한 것부터 시행한다. 이는 회사 일에만 적용되는 것은 아니다. 필자도 연말마다 데일리, 위클리 캘린더를 구입해 일간·주간 계획을 기록하며, 중요한 목표나 약속은 스마트폰을 활용하여 기록하고 목표 납기는 알람으로 설정해 둔다.

신입사원도 지금 벌어지는 일들의 일간·주간·월간 계획을 세워 보고 그것을 시간대별로 완성해 나가려고 노력해 보자.

05 기록이 없으면 미래도 없다

꿈이 실현되지 않는 원인은 그것이 비현실적이기 때문이 아니라, 그 꿈을 실현하고
자 하는 노력이 부족했기 때문이다.

– 다케우치 히토시

인류의 역사는 크게 선사시대와 역사시대로 나눌 수 있다. 글이 없던 시절이라 우리는 벽화나 유물을 통해 선사시대 사람들의 생활을 추측해 볼 수 있다. 중국의 갑골문자가 기원 전 6000년, 수메르의 쐐기문자가 기원 전 3300년에 등장하면서 비로소 역사가 시작된다고 한다.

누군가는 '기록이 없다면 미래도 없다.'고 말한다. 회사 일의 시작

과 끝에는 기록과 보고가 수반된다. 이러한 보고서를 잘 작성하는 능력은 일을 명확히 정의하고 상사를 이해시키며 유관 업무 담당자의 협업을 이끌어 낼 수 있다. 회사생활을 하는 동안 수없이 보고서를 작성하게 되는데 자신이 직접 처음부터 끝까지 해내는 경우는 드물다. 대개 상사의 지시를 받아 작성하므로 작성자의 주관보다는 상사의 의견이 많이 개입되기 때문이다. 이름만 자기 이름인 보고서가 되는 것이다.

상사의 지시나 도움을 받아 보고서를 작성하더라도 스스로 조사해 본 뒤 나온 결과는 시간이 지나도 잊어버리지 않는다. 자신이 작성한 보고서는 잘 저장하고 관리하자. 겉표지만이라도 프린트해서 개인 파일에 보관해 두는 것도 좋은 방법이다. 보고서를 쓰는 방법은 일을 추진하는 방법과 다르지 않다.

따라서 조직이 원하는 적절한 보고서를 작성하기 위해선 첫째, 일의 개요와 목적과 배경을 작성한다. 이는 일을 왜 해야 하는지 명확히 파악하지 못하면 작성할 수 없을 것이다. 글로 표현할 수 없는 생각은 허상에 불과하다. 회사의 경영 및 성장에 기여할 수 있는 정확한 목적을 파악해서 알기 쉽게 기술하도록 한다.

둘째, 현황과 추진 방향을 작성한다. 현재의 상태와 미래의 이상향을 정의하지 못하면 마찬가지로 일의 성과도 측정할 수 없다. 현황 분석을 먼저 한 뒤에 해야 할 일을 정의하고 추진할 방법에 대해서 작성한다. 추진 방향은 의사결정이 필요한 부분이므로 깊이 고민해 보고 목적과 부합하는 두세 가지를 제안하는 것이 좋다.

셋째, 기대 효과와 요청 사항을 작성한다. 기대 효과는 미래상과 일치한다. 보고서 하나에 서론 · 본론, · 결론을 일목요연하게 작성해야 하는데, 결론에는 이 일을 추진함으로써 예상되는 결과 그리고 해당 건을 추진하기 위해 유관 부서의 협력이 필요하다면 이에 대해서도 기술한다.

넷째, 너무 장대한 보고서가 되지 않게 상황에 맞는 보고를 하라. 때론 문자 메시지가 보고서가 되고 간단한 메모장이 보고서가 될 수 있다. 또 구두로도 보고하는 것이 발생한다. 회사에 화재가 났는데 앉아서 보고서를 작성하고 있다면 그것은 이미 보고서가 아니다.

그리고 1매를 작성하는데도 Best를 지향하는 훈련을 해야 한다. 간결하게 모든 내용을 전달하는 훈련을 해야 한다. 꼭 PPT나 기안 문서에 그래픽과 그래프를 넣는다고 보고서가 아니다. '시시각각 변화는 필드(Field) 상황에서 어느 세월에 보고서 쓰면서 일하느냐.'라고 지적하는 상사가 있을 것이다. 하지만 여러분의 회사 상황, 상사의 동향, 보고 내용의 중요성 등에 따라 어떤 보고를 해야 할지를 판단하고 또 선배나 상사에게 지도를 받아보는 것도 도움이 될 것이다.

마지막으로 전체 문맥의 흐름과 단어의 오남용을 검토한다. 보고서는 논리적으로 구성되어야 하며 또한 내가 읽기 위한 것이 아니므로 타인의 입장에서 쉽게 이해할 수 있는 형태로 작성해야 한다.

주의해야 할 점은 현장의 일이나 본질을 잘 모르면서 페이퍼 워크(Paper work)만 그럴싸하게 한다고 해서 상사가 알아주고 보고서가 효력이 있는 것이 아니다. 최근 보고서 작성이나 보고 요령에 대한 도서가 출시되고 있는데 이를 별도로 참고해도 도움이 될 것이다.

06

프리젠테이션은 직장생활의 필수 과목

> 좋은 결과를 얻으려면 반드시 남보다 더 노력을 들여야 한다.
>
> – 고승덕

자신의 일을 어필할 수 있는 방법은 여러 가지다. 보고서처럼 형식을 갖춘 유형의 결과물로 나타낼 수도 있고 프레젠테이션을 통해서도 가능하다. 프레젠테이션은 시간을 절약할 수 있는 좋은 도구이다. 한 번의 프레젠테이션으로 모두를 설득하여 수조 원 규모의 프로젝트가 실행되기도 한다. 전문 프레젠터라는 직업이 생겨날 정도로 프레젠테이션은 꼭 갖추어야 할 기본 비즈니스 스킬이다.

프레젠테이션의 준비는 세 가지로 나눌 수 있다. 즉 내용에 대한 준비, 청중에 대한 준비, 흐름에 대한 준비다. 그 중에서 가장 중요한 것이 내용에 대한 준비다. 발표 자료를 숙지하는 것은 기본이거니와 관련 정보에 대해서도 잘 이해하고 있어야 한다. 프레젠테이션 중에 어떤 상황이 벌어질지 모른다. 30분을 예상했는데 10분이 주어질 수도 있고 한 마디로 말하라고 할 수도 있다. 내용을 명확히 파악해야만 어떤 상황에도 대응할 수 있을 것이다.

훌륭한 발표자는 청중의 공감을 이끌어 낸다. 발표자는 전문가 집단, 기초 지식 집단, 문외한 등 적어도 세 종류의 청중에 대응할 수 있어야 한다. 이미 알고 있는 내용은 늘어놓는 것은 시간 낭비일 뿐이라 청중이 지루해한다. 청중이 이해하기 어려운 내용을 늘어놓으면 자신의 지식을 자랑하는 것밖에 되지 않는다. 가장 좋은 마케팅 전략은 사람들이 어느 정도 아는 내용으로 시작하는 것이다.

아무리 좋은 내용으로 구성하고 청중을 잘 분석했을지라도 전달하는 방법이 어설프면 예상치 못한 사랑 고백을 받은 여자처럼 청중의 반응을 보게 될 것이다. 프레젠테이션은 처음 30초에 청중의 관심을 끌고 압도할 수 있는 것으로 시작해야 한다. 질문으로 시작하거나 주목을 끄는 영상 자료를 보여 주거나 3초 이상의 침묵으로 무슨 일이 벌어질 것인가 궁금증을 유발하는 방법 등을 활용한다. 또한 중요한 흐름마다 키워드를 제시하여 이것만은 꼭 기억하라는 식으로 강조할 수도 있다. 프레젠테이션 마지막에는 요약을 해 줌으로써 잘 이해했는지 확인해 본다. 몸값은 키울 수 있는 프레젠테이션에 도전해 보자.

일만 알고 휴식을 모르는
사람은 브레이크 없는 자동차와 같이 위험하기 짝이 없다.
그러나 쉴 줄만 알고 일할 줄 모르는 사람은 모터 없는
자동차와 마찬가지로 아무 쓸모가 없다.

– 헨리 포드

3
Chapter

업무 역량 높이기

01

삶은 선택의 연속

> **열정이 있으면 꼭 만난다. 열망이 운명과 만남을 주선한다.**
>
> — 김영세

　'구슬이 서 말이라도 꿰어야 보배이고, 부뚜막의 소금도 넣어 봐야 짠맛을 안다.' 훌륭한 계획을 세웠더라도 이를 실행에 옮기지 않으면 무용지물이다. 유태인 정신과 의사 빅터 프랑클은 "인간에게 모든 것을 빼앗아도 선택할 수 있는 권리를 빼앗을 수는 없다."고 말했다. 가장 잘못된 선택은 아무것도 하지 않고 전전긍긍하는 것이다. 유태인 수용소에서 살아남은 빅터 프랑클은 생존자들에게는 최소한의 영양소만 배분되는 것을 알고 버틸 수 있는 만큼의 음식만 먹었다. 그런 현실을 알면서도 하루 배불리 먹고 죽겠다는 생각으로 많이 먹은 사람들은 곧 죽음을 맞이했다. 한순간의 선택으로 생존과 죽음이 갈린 것이다.

우리의 삶은 선택의 연속으로 이루어져 있다. 보고서대로 실행하는 것도 선택이고 실행하지 않는 것도 선택이며, 보고서의 내용 그 이상을 하는 것도 선택이다. 여러분은 어떤 선택을 할 것인가? 실행력을 높이는 몇 가지 방법을 살펴보자.

첫째, 왜 그것을 해야 하는지 다시 한 번 고민해 본다. 또한 어떻게 하는 것이 효율적인지도 생각해 본다. 이렇게 심도 깊은 고민을 거치면 자신의 능력을 모두 발휘하게 된다. 주인 의식을 가지고 내적 동기 부여를 하면 성과로 연결될 가능성이 커진다.

둘째, 실행하겠다고 주변 사람들에게 알린다. 인간은 인정받고자 하는 욕구가 있다. 혼자 힘으로 모든 것을 하기에는 어려움이 있으므로 외부의 힘을 빌려 실행해 보겠다고 알리면 도움과 격려를 받을 수 있을 것이다. 이는 더 높이 뛰는 도약대가 될 것이다.

셋째, 기록하고 또 기록한 작은 성공은 큰 성공을 불러일으킨다. 오늘 할 일, 성취한 일, 성취하지 못한 일을 정리해서 데이터 베이스화하라. 실패와 성공은 실행의 결과이니 글로만 쓰지 말고 몸소 실천하라.

02 현대는 유연성이 대세

> 일만 알고 휴식을 모르는 사람은 브레이크 없는 자동차와 같이 위험하기 짝이 없다.
> 그러나 쉴 줄만 알고 일할 줄 모르는 사람은 모터 없는 자동차와 마찬가지로 아무
> 쓸모가 없다.
>
> – 헨리 포드

현직 고위 임원이 경력사원 채용을 위해 면접 차 미국 출장을 갔을 때의 이야기를 들려주었다. 그 임원은 미국에서 박사과정을 밟고 있는 유학생을 채용할 목적으로 면접자들을 만났다고 했다. 그 중 사관학교 출신이 있었는데 인물 됨됨이나 능력, 말솜씨, 태도 등은 흠잡을 데가 없었으나 도저히 현재의 플랙서블(flexible 유연성)한 개발

조직과 융화될 수 없을 것 같아 뽑을 수 없었다고 했다. 사관생도로서의 경험도 장점으로 꼽히고 회사에 대한 충성심과 열의도 대단할 것 같은데 너무 경직된 사람처럼 보였다는 것이며 많은 사람과 프로젝트를 유연하게 이끌어 갈 수 있을지 의심스러워 고민 끝에 불합격을 통보했다는 한다.

강한 태풍은 거목이나 크레인을 쓰러뜨리고 인명 피해도 일으킨다. 그러나 연약한 갈대는 강한 비바람에도 휘거나 누울지언정 부러지지 않는다.

유연성이란 우유부단함과 다르다. 21세기의 프레임은 유연성에서 창의력이 발현되고 창조가 일어나는 것이다. 경직된 분위기에서는 대결과 경쟁만 존재할 것이다. 때로 견고함이 필요할 때도 있지만 군대 문화와 같은 경직된 사고는 한계를 드러낸다.

일류 기업이라 칭하는 삼성도 서방 국가에 비해 소프트한 측면이 부족하다고 판단하여 많은 비용을 들여 글로벌 인력을 채용하고 있다. 몇몇 대기업 중 기아자동차도 마찬가지다. 하드웨어적인 측면보다는 디자인 등 소프트웨어적인 측면에 심혈을 기울이기 위해 슈라이더 부사장을 영입하고 K시리즈를 내놓았고 소비자는 그 제품에 대해 좋은 평가를 내렸다. 현재 많은 다국적 기업들이 성실과 근면보다는 유연성과 창의로 무장된 사람들을 기용하여 혁신을 이루고 있다.

동양 문화에서는 고용 부분에 유연성이 없는데 비해 해고가 없다는 좋은 점이 있지만 젊은이들이 일자리를 찾지 못하고 생산성이 낮아지는 문제가 발생할 수가 있다. 악용되지 않는 범위에서 고용에 유연성을 가진다면 기업은 각각의 사업에 적절한 사람을 수시로 찾을 수 있어서 좋고, 개인은 자기 적성에 맞는 회사 또는 일을 선택함으로써 함께 윈윈하면서 발전할 수 있을 것이다.

근래 일본이 부진한 이유를 필자는 유연성의 부족 때문이라고 생각한다. 일본을 예로 어떠한 유연성이 필요한지 살펴보고 우리의 미래도 생각해 보자.

다음은 모 일류기업에서 추진되었거나 현재 추진 중인 유연성 관련 내용(Contents)이다. 단순히 유연성을 위해서 하는 것은 아니지만 이런 유연성을 바탕으로 노력한 부산물은 결국 장기적으로 생산성, Speed, 효율, 경쟁력으로 이어질 것임으로 참고하길 바란다.

유연성을 기르기 위한 8대 Contents [S사 리더십 교제 중]
- 근무 : 집중과 선택, 삶의 조화
- 교육 : 전문가, 기능인의 구별로 국가 경쟁력 제고
- 사고 : 동적, 정적, 전후좌우 작용을 생각할 수 있는 것
- 계획 : plan—do—check—action을 통한 개선
- 행동 : 소신과 철학, 정체성, 자존감의 발로
- 관계 : 이 문화와의 소통 및 다양화, 선입견 제거
- 목표 : 시나리오적인 타깃, 지나친 과욕 경쟁 경계
- 고용 : 자유롭지만 발전적인 고용의 유연성

03

태도가 바뀌면
미래도 바꿀 수 있다

> 역대 최대의 발견은 사람이 단지 그의 태도를 바꿈으로서 그의 미래를 바꿀 수 있다
> 는 것이다
>
> – 오프라 윈프리

정리정돈 잘하기

정리정돈은 또 다른 말로 2S라고도 하는데, 일본어인 세이리(seiri), 세이돈(seidon)에서 머리글자를 딴 것으로 세계적으로 범용화된 말이다. 정리는 불필요한 것을 선별해서 유용한 것을 가지런히 하는 것을 말하며, 정돈은 한곳에 정연하게 두는 것을 말한다. 정리정돈의 조건은 다음과 같다.

정리	정돈
• 불필요한 품목을 제거할 것 • 품종별, 양부별, 사용 빈도 등에 따라 구분할 것 • 한 번 보아 수량 등을 확인할 수 있으며 출입하기 쉬운 상태일 것	• 두는 장소가 정해져 있을 것 • 작업을 방해하는 일이 없을 것 • 겉보기에도 정연할 것

요약하면, 정리란 사용하기 좋도록 선별하는 방법이며, 정돈은 물건을 두는 장소의 통일과 두는 방법이다. 이러한 정리정돈의 실행 방안은 다음과 같다.

- 불요불급한 물품을 처분한다.
- 필요한 물품을 두는 장소, 두는 방법을 일에 맞도록 정한다. 이 때 색깔로 구별하면 효과적이다.
- 원재료의 반입은 되도록 작업 직전에 한다(안전 통로와 작업상 공간의 확보를 위해).

위와 같이 정리와 정돈은 별개의 것이 아니라 함께 이루어지며 일상생활에서든 회사에서든 습관화하는 것이 중요하다.

그대의 인격 '전화 예절'

이미 모든 사람이 알 것 같지만 지켜보면 알면서 그러는지 모르면서 그러는지 전화 예절이 없는 사람이 주변에 너무도 많다. 이미 알고도 그렇다면 어쩔 수 없는 일이지만 그렇다 하더라도 상대방은 이미 상대측에서 예의를 갖추는 것인지 아닌지 알고 있다. 간단한 전화에서도 일이 판가름 날 수도 있고 인간관계가 원만해질 수도 있다. 어려서부터 받은 교육이긴 하지만 사회생활에 누구나 피할 수 없는 것이기에 적어보았다.

기본적인 전화 예절

① 전화를 받을 때 "여보세요." 대신 "감사합니다."로 시작

당신이 누구인지 상대방이 모르는 경우가 있다. 개인전화는 누가 누구에게 건 것인지 상관없지만 회사전화는 공용 번호인 만큼 기본 예의가 중요하다. "여보세요."라고 전화를 받으면 상대방의 첫 질문은 "○○기업 아닌가요?"가 될 것이다. "여보세요."보다는 "감사합니다. ○○기업 아무개입니다."라고 여기가 어디이며 자신이 누군지 밝히는 것이 좋다.

② 목소리는 상냥하고 친절하게

바쁜 와중에 울리는 전화는 집중력을 흐트리고 가끔 짜증을 유발시킨다. 그런 때 자신도 모르게 급한 티를 내며 짜증을 내고 전화를 받지는 않는가? 친절한 응대는 불쾌한 고객도 기분 좋게 만드는 법이다. 항상 상냥하고 친절하게 전화를 받는다면 어떨까?

③ 내 전화가 아니라도 받아 두기

다른 사람 자리의 전화벨이 계속 울릴 때 누군가 받겠지 하면서 그냥 놔두진 않는가? 공용 번호가 아니라면 그 자리 사람에게 볼 일이 있는 것이겠지만 전화 연결이 안 될 때만큼 짜증나는 일도 없다. 전

화벨이 여러 번 울리기 전에 받아서 용무를 메모해 두고 담당자에게 전해 주자. 잠깐의 희생이지만 담당자는 고마워할 것이다.

④ 모르는 일이라면 담당자에게 전달하기

업체에 전화를 걸었을 때, "전 담당자도 아니고 무슨 일인지도 모르는데요." 하는 식으로 말하는 사람들이 있다. 자신의 업무가 아니라면 친절히 담당자를 연결해 주고, 담당자가 자리에 없다면 메모를 남겨 주며, 모르는 일이라면 연락처를 받아 놓고 확인 후 다시 연락을 주는 것이 좋다.

⑤ 중간에 끊어지는 전화라도 공손히 받기

가끔 송신이 불안정해서 상대방의 목소리가 끊기거나 들리지 않는 경우가 있다. 이럴 때 들리지 않는다고 그냥 끊어버리기보다는 "전화 연결 상태가 안 좋아 잠시 끊겠습니다."라고 말하는 것이 좋다. 이 정도 예의만 지켜 준다면 전화를 못 받았다고 혼나거나 잔소리를 듣는 일이 없을 것이다. 어쩌면 상대방은 여러분의 전화 응대에 예상치 못한 계약을 결정할지도 모른다.

(출처 : 새내기의 직장 내 전화 예절-전화 잘 받아서 예쁨 받기)

04

보안은 회사 존폐를 좌우

몇 년 전 공정 팀장으로 근무할 당시 주변 팀에서 있었던 한 엔지니어의 사례이다. 그는 일을 열심히 일할 뿐만 아니라 세미나와 오프라인 교육에도 빠짐없이 참석하여 발표도 하며 나날이 발전하는 모습을 보였고 향후 활약이 무척 기대되는 친구였다. 선배들이 보기에도 흡족한 엔지니어로 발돋움해 나가던 어느 날 보안 요원에게 그 친구가 보안 위배로 적발되었다는 연락을 받았다.

적발된 사유는 중요한 기술이 담긴 문서를 가지고 회사 정문을 나

서다 적발되었다는 것이었다. 다행히 집에서 공부하려는 의도였다는 것이 밝혀져 약한 징계로 그쳤지만 그러나 만약 다른 의도로 문서를 유출하여 신기술이 다른 회사로 넘어간다면 그 파장은 상당히 컸을 것이다. 중소기업이라면 회사의 존폐와도 직결될 수 있는 문제이며 대기업이라 할지라도 개인과 조직에 커다란 피해를 줄 것이다.

돈과 자원이 많지만 기술력이 부족한 나라로 유입된다면 기술을 빼앗긴 기업은 파산의 위기에 처할 수도 있다. 필자는 재직 시 기획 부서에 있으면서 많은 중소기업을 방문할 기회가 있었는데 한두 개 핵심 기술에 회사의 사활을 걸고 온 직원이 매달리는 것을 보면 꼭 성공했으면 하는 마음이 들면서 혹여 허술한 보안 유지로 고생이 헛일이 되지는 않을까 걱정이 앞서기도 했다. 보안 유지는 현장 직원들뿐만 아니라 중간 관리자, 감독자, 경영자 등 전체 회사직원이 사명감을 갖고 해야 할 일이다.

미 동부 보스턴에 있는 한 업체에 공정 Demonstration차 간 적이 있다. 한 과학자와 단둘이 특정 공정을 Demonstration(빛의 파장의 세기와 그것이 주는 영향에 관한 실험) 했는데 FAB 내에 10시간 이상을 연속해서 공정을 평가했는데, 필자는 정보를 빼내고자 했고 그는 지키고자 상당한 노력을 기울였다.

그는 기술을 노출하지 않기 위해 결정적인 실험에서는 혼자서 Coding된 Recipe를 Setting했고 서로 보이지 않는 전쟁을 하다가 결국 평가 결과만 가지고 귀국한 적이 있다. 평가를 해보는 것만 해도 임무는 성공이고 그리고 원하는 결과 값을 얻어내어 향후 우리 공정에 반영은 했다. 하지만 왜 그런 평가 결과가 나왔는지, Material 믹싱 기술을 끝까지 알지 못한 채 필자는 평가 결과만 가지고 출장을 마무리 하고 돌아온 것이다. 지나긴 했지만 그때는 너무 화가 치밀어 다시 만나고 싶진 않은 사람들이라고 여겼지만 시간이 지나면서 필자는 그가 자신의 기술과 회사 기밀을 보호하는 태도는 당연했으며 그가 오히려 정확하고 정당하게 행동했다는 것을 깨닫게 되었다. 뒤돌아보면 필자에게 기술을 노출하지 않기 위해 피하고 자기 회사 Rule을 지키며 회사에 충성한 그에게 한편으론 찬사를 보낸다.

하루가 다르게 새로운 기술이 등장하는 오늘날에는 대부분의 기업들이 제품을 빨리 출시해서 시장을 선점했더라도 바로 차기 제품 출시를 위해 노력해야 한다. 시장의 흐름이 빠르게 진행되다 보니 기업들 간의 기술 경쟁이 치열할 수밖에 없다. 이때 기술을 개발하는 일도 중요하지만 애써 개발한 기술이 유출되는 것을 막기 위한 노력도 병행되어야 한다.

최근 신흥 개발도상국들이 발 빠르게 따라오는 상황에서 우리나라는 기술보안이 더욱더 필요하다. 정보와의 전쟁을 치른다고 해도 과언이 아닐 정도로 정보력을 이용하여 이익을 얻으려고 하는 시도가 계속 일어나고 있는 시점에서 보안 의식 강화는 기업의 필수 요건이 되었다. 이에 기업들은 기술 및 인력 유출을 방지하기 위해 갖가지 보완 시스템과 업무 절차를 만들어서 활용을 하고 있다. 따라서 사회 초년생이 새로 진출한 회사에서 아래의 보안 사항을 지키며 생활했으면 한다.

첫째, 사적인 장소에서 기술적인 회사 업무 이야기를 하지 않는다.

둘째, 업무 시 활용했던 용지는 퇴근 전에 깔끔하게 구분·정리한다. 요즘에는 회사 내에서 보안 용지로만 프린트를 할 수 있기 때문에 소홀히 할 수도 있는데, 회의 자료나 용지 사용을 가능하면 축소하고 정리하는 것이 좋다.

셋째, 협력 업체와 보안 서약서를 작성한다 하더라도 스스로 정보 보안에 대해 주의를 기울어야 한다(이메일, 메모리 스틱, 가격정보, 고객정보, 설계도 등). 협력 업체와 협업을 많이 하는 경우 부지불식간에 정보를 공유하면서 문제가 발생할 수 있다.

넷째, 개인 PC는 화면보호기를 설정하고 윈도우 패스워드를 설정하며 최근에 사용한 PC는 OFF한다.

다섯째, 개인용 메모리 스틱은 소지하지 말며 허가된 메모리 스틱이라도 파일에 암호를 설정한다.

여섯째, 메일을 보낼 때 주소록을 확인하고 관련자에게만 보낸다.

일곱째, 회사의 보안 Rule을 따른다.

05

그녀의 배려

일본의 유명한 여류 작가 미우라 아야코의 이야기를 읽어 본
적이 있어 적어본다. 그녀가 조그만 가게를 열었을 때의 이야기이다.
가게 장사가 너무나도 잘되어서 가게에 쓰이는 재료들을 트럭으로
공급할 정도였다. 그만큼 당연히 매출도 상당했다.

하지만 그에 반해 옆집 가게는 장사가 너무 안 되어서 파리만 날리
는 날이 많았다. 그런 모습을 보고 그녀는 남편에게 말했다. "우리 가

게가 너무 잘되니 이웃 가게들이 문을 닫을 지경이에요. 이건 우리가 바라는 바가 아닌데다 하나님의 뜻에도 어긋나는 것 같아요." 남편은 그런 자신의 아내를 자랑스러워했다. 이후 그녀는 가게 규모를 축소하였다. 그리고 손님이 오면 이웃 가게로 보내주곤 했다. 그 결과 전보다는 시간이 남게 되었고, 평소에 관심이 있던 글쓰기를 본격적으로 시작하였다.

그렇게 가게 손님을 이웃 가게에 양보하며 번 시간에 썼던 글이 바로 너무나도 유명한 『빙점』이다. 그녀는 이 소설을 신문에 응모하였고, 결국 당선되어 가게에서 번 돈보다도 몇 백 배의 부와 명예를 얻었다. 사람들은 말한다. 그 모든 걸 얻게 된 데에는 그녀의 빛나는 '배려' 때문이라고….

[출처] 미우라 아야코 배려 이야기 Park's world

팍팍하고 타이트한 경쟁사회에서 배려는 쉽진 않다. 그러나 그러면 그럴수록 상대방에 대한 배려는 빛이 날 것이다. 사소한 배려라도 그것을 느낄 때 가슴이 따뜻해질 것이고 배려하는 사람이 많은 조직과 사회는 결국 아름다운 세상을 만들어가는 초석이 될 것이다.

공공물건을 사용할 때나 공공장소를 사용할 때도 직장 내 상사와 부하 간, 동료 간 이런 배려가 깊이 스며들어 습관화가 되어야 하겠다. 미 서부 산호세 근처를 자주 방문하였는데 운전하면서 자동차 경적소리를 거의 듣질 못했던 것 같다. 이런 것도 작은 배려 아닐까.

요즘 우리나라도 많이 좋아지긴 했지만 아직도 이 부분은 개선이 필요하다. 가끔 운전하다 비정품 크락션을 장착한 차량이 뒤에서 의도적으로 누르면 소리가 커서 깜짝깜짝 놀랄 정도이다. 금연 식당 내에서 가끔 흡연을 하는 사람들이 있다. 흡연은 자유지만 이것도 동석자들한테 예의가 아니며 사회 질서에도 어긋나는 것이다. 이런 작은 샘플 외에도 우리가 배려해 주고 받아야 하는 것은 너무 많다. 법, 규범, 규칙이 아니더라도 배려하는 생활 자체를 습관화할 필요가 있다.

스포츠 분야에서 상대방에게 가장 신경 써서 배려해야 하는 종목은 아마 골프일 것이다. 요즘 시중에 많이 보급된 스크린 골프는 자칫 실제 필드 라운딩 중에 지켜야 할 룰, 즉 상대방에 대한 배려를 잘 인지하지 못하고 오직 타격자세와 점수 위주, 그래픽과 조작된 컴퓨터가 지시하는 데로 구성되어 있다. 실제 라운딩은 상대방에게 이만 저만한 배려에 신경 써야 할 운동 종목인 것은 독자들도 알 것이다. 옷차림부터 치는 순서, 자세, 언어, 주변의 작은 룰 특히 상사나 귀한 손님과는 더한 배려가 필요하다.

골프는 경쟁의 긴장감은 있을지라도 깊이 알면 더욱 즐겁고 스트레스가 풀리는 스포츠이다. 반대로 스포츠 중에 가장 배려가 없는 종목은 축구라고들 한다. 모든 스포츠가 경쟁의 기반 위에 있고 이겨야 하지만 상대와 상대팀을 속여야 하고 구상하는 작전도 그래야만 성공하는 것이 축구다. 축구 슈퍼스타조차도 상대선수를 재빠르게 잘 속여야 드리블, 패널티킥 얻을 수 있고 상대방 몸에 치명적인 타격을 입혀야 이기는 게임이기도 하다. 남이 유리한 위치를 점령하고 나아갈 때 이를 저지하기 위해 걸어차기, 날아차기, 박치기, 잡기, 진로 방해하기 심지어는 눈을 피해 깨물기까지 한다. 마치 그라운드 위에 몇 명의 격투기 선수가 숨어 있는 것 같은 경기다.

언젠가 K리그에서 어느 프로축구팀이 한 경기에서만 반칙을 무려 26번씩이나 했다고 한다. 그 경기는 상대 선수에게도 관중에게도 전혀 배려가 없는 경기였다. 축구팀들은 중요 경기 전에 할리우드 액션도 배운다고 한다. 마치 상대방이 반칙을 한 것처럼 속여서 파울을 얻어내고자 하는 페어플레이와 반대되는 행동들이다. 사회생활에 있어서도 배려 없는 경쟁, 배려 없는 출세는 언젠가는 와르르 무너질 것이다. 작은 배려 그것이 나와 조직 그리고 전체 직장을 웃음 짓게 하고 거기에 속한 일원들이 흥이 나게 일하는 원동력이 될 것이다.

직장생활 배려에 대한 단상 20가지

항목별 성격이 다르더라도 아래 20개 항목은 조직원들에게 항상 요구되는 것이고 또한 각자 개인에게 필요한 기본 직장 에티켓이기도 하다. 여러분이 이미 알고 있는 것일지라도 다시 시작하는 마음으로 되새겨 보고 각각의 이유는 이해할 것임으로 여기에는 기록하지 않는다.

1. 먼저 남의 말에 귀 기울이자. 내 말만 하면 상대방은 말문을 닫아 버리고 그러면 불통이 된다.
2. 누군가 베풀어 줄 때 즉시 감사하다는 표시를 하자.
3. 자기 사방 3m 이내는 쓰레기, 휴지 등이 보이면 치워보자.
4. 전화기가 3번 이상 울리면 받고 급한 목소리가 아닌 공손하고 씩씩한 목소리로 받아라. 전화 한 통화로도 그 회사의 상태와 조직을 알 수도 있다. – 내 전화가 아니면 내규에 의해 친절하게 돌려주고 담당자를 알려 준다.
5. 메일을 보낼 때 가급적 아래 댓글들을 지우고 보낼 때에는 수신처를 잘 확인한다.
6. 타인이 나에게 이야기 할 때 가급적 눈을 쳐다본다(스마트폰 사용 금지).
7. 휴일이나 연휴 때 나만 연속해서 쉬는지 계속해서 쉬지 못하는 사람이 없는지 살펴보라.
8. 지인의 경조사에 못 갔다면 메시지라도 넣고 봉투라도 챙기도록 하자.
9. 단체 행사에 빠질 때는 사전 양해를 구하라.
10. 부득이한 경우를 제외하곤 근태는 정확히 기록하라.
11. 휴가 전 업무 인수인계를 정확히 하고 가급적 통신이 가능하도록 하라.
12. 화장실 사용 후 깨끗하게 나와라. 비록 자기가 더럽히지 않았다 하더라도.

13. 엘리베이터에는 포장된 것 외에 먹을 것을 들고 타지 않는다. 특히 커피 및 음료수 등.
14. 회사 복도나 현관 등 모르는 사람을 만날 때 살짝 목례한다.
15. 버스나 셔틀 버스를 탈 때 카드와 동전 등을 미리 준비한다.
16. 근무시간에 전화 통화는 가급적 삼가고 통화 시 다른 사람에게 영향을 끼치지 않을 정도의 목소리로 통화한다(사람들이 있는 차내나 버스에서도 마찬가지).
17. 컴퓨터 화면 보호기 등에 너무 선정적인 그림이나 동영상을 깔아놓지 말자.
18. 의견이 다르다고 정면으로 반박하지 말고 반박을 했을 때 상대가 상처를 입을 수 있다면 별도로 시간을 마련하라.
19. 술 · 담배를 상대방에게 강하게 권하지 않는다.
20. 연장자 · 선배한테 항상 예의를 갖춘다.

06 미켈란젤로의 작품을 보면서

로마 바티칸시국의 시스티나 성당을 방문해 보면 내부의 벽과 돔의 천장에 그림이 그려져 있는데, 그 그림이 바로 피렌체 출신 미켈란젤로가 그린 그 유명한 '최후의 심판과 천지창조'이다.

그 그림은 수세기 전 미켈란젤로가 교황 율리시스 2세의 지시로 그린 그림으로 그림을 종이에 그려 벽이나 천장에 붙인다 해도 어려운 작업인데, 몇 년간의 공을 들여 만든 것으로 직접 벽에 그린 '천지창조', '최후의 심판' 의 벽화를 보는 순간 얼마나 경이로운지 불후의

명작이란 말이 절로 나온다.

높은 위치에서 그리느라 고개를 쳐들고 많은 시간을 집중하였기에 혹자는 미켈란젤로가 천장 그림을 그린 후 목 디스크로 죽었다고도 이야기하고 혹자는 물감이 눈과 입에 들어가 죽었다고 할 정도로 당시로는 매우 어려운 작업이었다. 그러나 그림은 감탄을 넘는 수준인 것을 누구나 알 수 있지만 이곳에 가보면 누가 보든 보지 않던 자기 일에 혼신을 다하고 최선을 다하는 당시의 미켈란젤로의 노력을 느낄 수 있을 것이다. 미켈란젤로에 대해 전해져 오는 이야기를 알아보자.

미켈란젤로는 4년 동안 사람들의 출입을 막은 채 조수도 없이 성당에만 틀어박혀 그림에 매달렸고 등이 휠 정도의 고통을 감수하면서 역작을 완성했다. 어느 날 20m 높이의 천장 구석에서 작업대를 세우고 앉아 고개를 뒤로 젖힌 채 정성스레 그림을 그리던 미켈란젤로에게 한 친구가 말했다.

"여보게 ~ 잘 보이지도 않는 곳에서 뭘 그렇게 자세히 그림을 그리나? 그 자그마한 인물이 완벽한지 누가 알기나 하겠나?"

그러자 미켈란젤로가 무심한 듯 내려다보며 한마디를 툭 던졌다.

"내가 알지"

〈출처 : 행복한 경영, 조영탁〉

본인은 모르지만 팀장이나 상사 그리고 팀원을 직접 관리하는 관리자는 직 · 간접적으로 그 사람의 태도, 인격, 성향, 언행의 의도 등에 주목하고 항상 관찰한다. 조사를 위해 관찰하려고 하는 것이 아니다. 단지 선배나 상사들에게 우연히 모여지고 수집된 정보들은 그 사람을 판단하는 기준이 되며 평가나 승진이나 발령 시 그 사람을 재는 잣대가 되며 실제 데이터로도 활용된다.

　조금 비열한 것 같지만 상사나 관리자는 사람에 관한 결정적인 판단 시 업무 실적과 그 사람의 지식으로만 평가하지 않는다. 보이는 것은 누구나 할 수 있고 더욱 잘 보이기 위해 노력할 수 있기 때문이라는 것을 상사나 관리자는 이미 알고 있기 때문이다.

　미켈란젤로 정도는 아닐지라도 누가 보든 보지 않던 조직 그리고 사회의 일원인 내가 정성을 다할 때 타인을 감동시키며 자기 자신도 보람이 느낄 것이다.

미국 최고의 정신과 전문의 스캇펙 박사의 스테디셀러 『아직도 가야 할 길』의 첫 문장은 "Life is difficult."다. 삶은 고난의 연속이다. 또한 삶은 탄생과 죽음이라는 두 가지 시점을 고를 수 없기 때문에 발생하는 존재적인 불안에 휩싸여 있다. 그래서 사람들은 삶이 허무하다고 혹은 인생무상이라고도 하지 않는가.

여기서 선택을 해 보자. 허무한 삶이니 의미 없이 살 것인가. 아니면 세상에 기억되는 존재로서 충실히 스스로 만족할 만한 삶을 살아갈 것인가? 이 책을 읽고 있는 독자들은 아마도 후자를 선택하리라 믿는다.

앞의 Chapter 1~3에서는 직장에서 잘 적응하고 성과를 이루는 방법론에 대해서 다루었다면 Chapter4에서는 필자가 오랜 직장생활 동안 깨달은 그리고 주변 선배들의 이야기를 통하여 직장생활의 의미를 찾아가는데 보아왔던 샘플을 제시하고자 한다. 필자의 경험이 일천하여 한편으로는 편협한 이야기로 들릴 수도 있으며, 필자의 시각이 항상 옳다고 할 수도 없을 것이다. 단지 사회생활을 조금 먼저 시작한 선배의 따뜻한 마음을 알아주고 Chapter4를 부담 없이 읽어주길 바란다.

모든 사람이 다양하듯이 필자와 다른 관점을 가지고 있다면 여러분에게 맞는 옷을 잘 선택해서 입기 바란다.

PART 4

세상과 친해지기

궁핍과 곤란에 처한 때야말로 친구를 시험하기 가장 좋은 기회이다.
어떠한 때에도 곁에 있어 주는 것이 참된 친구이다.

– 솔로몬 왕

기본 욕구란 무엇인가

시간의 잔상

시간은 모든 인간에게 평등하게 주어진 선물이다. 과학자들은 지구의 나이가 46억 년, 우주의 나이는 150억 광년이라고 하는데 이모든 것은 시간의 산물이라고 할 수 있다. 영겁의 세월 가운데 과거나 미래는 큰 의미가 없다. 현재를 어떻게 사느냐가 과거를 의미 있게 만들고 미래의 방향을 결정한다. 과거를 집착한다면 회환과 후회, 자기 비하만 남게 될 것이며, 막연히 미래를 기대한다면 뜬구름을 잡는 것이다.

그렇다면 현재의 이 시간을 어떻게 보내는 것이 좋을까? 첫 번째로 중요한 것을 먼저 하라. 해결해야 할 문제는 크게 다음과 같이 네 가지로 구분할 수 있는데 우선순위를 정해 처리해야 한다.

- 시급하면서도 중요한 문제
- 시급하지만 중요하지는 않은 문제
- 시급하지 않지만 중요한 문제
- 시급하지도 않고 중요하지도 않은 문제

많은 사람들은 시급하지만 중요하지 않은 문제를 처리하느라 시간을 보낸다. 눈앞에 보이는 일만 황급히 처리하면서 중요한 목적을 잊은 채로 하루를 경영하기에 급급한 것이다. 중요하지 않은 문제 때문에 보석 같은 재능과 시간을 낭비해서는 안 된다. 인간이 동물과 다른 것 중의 하나는 미래를 예견하고 준비하는 능력이다.

인간이 인간일 수 있는 것은 고민하고 생각하기 때문이다. 그러나 오늘날과 같은 피로가 쌓이는 사회에서, 즉 자원과 미디어가 과잉된 상황에서는 우리 자신을 위해 고민을 하지 못할 때가 많다. 하지만 수시로 울려 대는 스마트폰 알람 소리처럼 중요하지 않은 것들은 최대한 효율화하자.

인간의 번영은 잉여 시간에서 비롯되었다. 삶에 대한 진지한 고민에서 철학과 과학이 발달하여 좀 더 나은 삶으로 인간을 이끌었다. 삶을 의미 있게 보내려면 시간을 의미 있게 보내야 한다. 어렵지만 중요한 문제에 집중하는 시간을 갖기 위해 노력하자. 시급하지도 않고 중요하지도 않은 문제는 최대한 줄여야 한다. 꼭 내가 있어도 되지 않는 자리, 관행적으로 해 왔던 행정적인 업무 등은 대체할 수 있는 것이 많다. 과학 기술의 발달과 글로벌화는 인간에게 편의성과 더 넓어진 시야를 가져다 주었으니 이를 최대한 활용한다면 낭비되는 시간을 줄일 수 있다.

두 번째로 시간 활용을 점검하자. 경영학의 대가 피터 드러커는 "측정하지 못하면 개선도 혁신도 없다."고 했다. 자신이 하루를 어떻게 보내는지 돌아보라. 공부 잘하는 학생은 자신이 틀린 문제에 관심을 갖고 오답을 고쳐 나가듯이 자신의 시간 활용을 점검하여 부족한 부분을 찾고 개선한다면 진일보할 수 있다. 하루 24시간은 길다면 긴 시간이기도 하다. 정기적으로 객관적인 시간 활용을 점검하고 잘한 것, 부족한 것, 없앨 것을 구분해 개선해 나가자.

세 번째는 지금 당장 실천하라는 것이다. 내일부터는 담배를 끊겠다고 말하는 사람치고 금연에 성공한 사람을 보기 어렵다. 내일 하겠다는 것은 하지 않겠다는 것과 다름없다. 하루 공부해서 수능시험을 만점 받을 수 있는 사람은 하나도 없다. 하루하루의 행동은 습관이 되고 습관은 운명을 결정한다.

다시 한 번 강조하지만 소중한 시간을 헛되이 보내지 말자.

02

돈의 무게

과거의 신입사원과 오늘날의 신입사원을 비교해볼 때 많이 달라졌다. 예전의 신입사원들은 평생 열심히 일할 각오로 입사한 탓인지 돈을 굴리는데 큰 관심이 없었지만 요즘 신입사원들은 입사하면서부터 재테크에 올인하는 경우가 많다. 평생직장이라는 개념이 없어졌기 때문일까.

하지만 돈만 보며 살지는 말자. 돈은 분명히 수단이지 목적이 될 수 없다. 그렇다고 돈을 우습게 보지도 말자. 돈이라는 것이 생기면서 우리는 가치 측정의 수단으로 돈을 활용해 왔다. 하지만 그것은 10센티미터 자로 코끼리를 측정하는 것과 다르지 않다. 세상에는 돈으로 측정할 수 없는 것이 수없이 많다. 마틴 루터 킹 목사의 숭고한 희생정신, 어머니가 손수 해주신 음식 같은 것을 어떻게 돈으로 계산할 수 있겠는가.

그러나 자본주의 사회에서 돈은 반드시 필요하다. 기본적인 생계유지에 돈은 필수적이다. 경제력이 변변치 못하면 가족을 지킬 수도 없고 사회의 구성원으로서 제대로 한몫을 하기도 힘들다. 따라서 회사일에 방해가 되지 않는 선에서 허황된 일확천금을 꿈꾸지 않는 재테크라면 바람직하다.

『계층 이동의 사다리』라는 책에서는 미국의 계층별 행동 양식을 명확하게 분석했다. 하류층은 돈을 소비의 수단으로 생각하여 돈이 조금이라도 생기면 먹는데 쓰고, 사람들에게 빌려 주는데 써 버린다. 중류층은 돈을 투자의 수단으로 생각한다. '얼마나 불릴 수 있을까? 무엇이 더 큰 이익이 될까?' 라는 관점에서 돈을 다룬다. 한편 상류층은 가지고 있는 것을 지켜야 하니 돈을 보존의 수단으로 생각한다.

필자는 재화를 다루는 사람들의 가치관이 바로 재산의 크기를 결정한다고 이야기하고 싶다. 그러한 가치관에 따른 행동이 바뀌지 않으면 원하는 계층으로 갈 수 없으며, 그래서 계층 이동의 사다리는 쉽게 열리지 않는다고 한다. 복권에 당첨된 사람들 중에 다시 빈털터리가 되는 것은 그 돈을 어떻게 활용해야 할지 모르기 때문이다.

또한 돈은 스스로 땀 흘려 벌어야 의미가 있다. 돈은 나의 가치를 나타낼 수 있는 하나의 수단이기도 하다. 갑자기 생긴 복권 당첨금을 효율적으로 쓰지 못하는 것은 노력하지 않은 돈이라 그 무게가 덜하기 때문이다. 일이 소중한 만큼 그로 인해 벌어들인 소득은 더욱 소중하다. 소득이 소중하기 때문에 일이 소중해져서는 안 된다.

따라서 액수에 상관없이 돈은 소중히 여기고 관리해야 한다. 자기 수준에 맞게 소비하고 투자하고 보존하라. 신용카드 사용도 빚이라는 개념을 갖고 카드 사용 금액을 한 달이라도 연체해서는 안 된다. 또한 신용이 곧 명함인 현대 자본주의 사회에서 돈과 관련된 약속은 철저히 지켜야 한다. 빌린 돈은 작은 액수라도 감사한 마음을 표하며 반드시 갚아라.

03 새내기의 술 넋두리

우리나라만큼 술을 좋아하고 또 술에 관대한 나라도 드물다. 술로 발생한 사고는 실수로 여겨 덮어주기도 한다. 사회생활을 잘하려면 술을 할 줄 알아야 한다고들 한다. 술을 잘 못해서 성공하지 못했다는 넋두리를 하는 사람도 있다. 그러나 시대가 변했다. 상명하복의 사회에서는 지시와 통제를 잘 따라야 했으므로 윗사람이 따라 주는 술을 거절할 수 없었지만, 세상이 바뀌면서 술 문화도 달라지고 있다. 술은 긍정적인 면도 있지만 정도가 지나치면 다음과 같은 문제가 발생한다.

첫째, 건강을 해친다. 우리나라에서 사망률이 높은 질병은 간암, 위암, 당뇨, 고혈압 등의 대사 증후군이다. 여기에 영향을 미치는 인자 중에 술이 해당 안 되는 것이 없다. 보건복지부에서도 119 운동을 펼치고 있는데, 한 가지 술로, 1차만, 9시 이전에 끝내라는 것이다. 행복한 삶의 기본은 건강이다. 건강을 지키기 위해서 술은 적당히 마시자.

둘째, 시간과 돈이 많이 들어가고 소모하게 된다. 술자리는 이야기를 풀어놓을 수 있는 기회이기도 하지만 너무 길어지면 다음 날의 일정에 악영향을 끼친다. 본인 스스로 일을 하기가 힘든 것은 물론이고, 불쾌한 술 냄새로 사내 분위기가 흐트러지게 된다. 술로 인해 발생하는 문제를 이해해 주던 시대는 이미 끝났고, 지금은 자기 관리를 못하는 무능력자로 여겨질 뿐이다. 술을 깨기 위해 화장실과 휴게실을 오가며 간밤의 무용담을 떠들어대는 사람들이 있는데, 이 얼마나 소모적인 시간인가? 술로 승부하려고 하지 말라. 올바른 술 문화를 이해하고 어떠한 술자리에서도 스스로 관리하기 바란다.

셋째, 원치 않는 일들이 일어날 수 있다. 술을 먹은 상태에서 일어난 사건 사고가 끊이지 않는데, 이를 온전히 술 탓으로만 돌릴 수 있을까? 필자는 술로 인한 사고로 직장에서 해고된 사람들을 많이 보았다. 필자도 오래 전에는 후배들을 끌고 다니면서 3~4시까지 술을 즐겼는데 지금은 신앙적인 이유에서 술을 오래 전에 끊은 상태다. 후배가 도망가면 쫓아다니며 먹이던 것이 얼마나 무식하고 죄스러운 짓인지 술을 끊고 나서야 깨달았다. 필자의 부친은 음주 후 교통사고로 돌아가셨고, 그 전에도 술로 인한 여러 가지 사고를 경험했다.

술은 도를 넘으면 일종의 필요악이다. 다이너마이트처럼 건설 현장 등에서 꼭 필요한 때 사용되면 훌륭한 도구이지만 만약 잘못 이용하면 무기가 되는 것이다. 신입사원이 절제하지 못하고 과음을 해서 주사를 부린다면 회사생활 내내 치명적인 약점이 될 수 있다. 평소에 주사가 있다면 술을 마시지 않는 것이 좋다. 그리고 술 취한 사람도 자기보다 더 술 취한 사람이 응석을 부리는 것을 싫어한다는 것을 염두에 두어라.

행복한 생활의 일부분으로 술을 즐기는 사람에게 금주를 강요하고 싶지는 않다. 다만 입사 초기에 술 때문에 자신의 능력이 가려지거나 물의를 일으키지 않도록 주의를 당부하고 싶다.

감사는 축복의 통로이자 기쁨의 통로

감사는 과거에게 주어지는 덕행이 아니라 미래를 살찌게 하는 덕행이다.

– 영국 속담

요즘 우리나라에 대해 부정적으로 이야기하는 사람들이 많다. 청년 실업이 넘쳐나고 빈부의 격차는 갈수록 심해지고, 가난이 대물림되는 사회이니 그럴 만도 하다. 필자도 자식을 둔 부모로서 걱정이 된다. 이런 상황에서 무엇이 감사인지 모르겠다. 그러나 걱정은 걱정을 낳고 그것이 지속되면 세상이 어둡게만 보이고 그러다 보면 감사할 일이 점점 없어지고 내 주변에는 불평불만만 득실거리게 된다. 그것은 욕구불만으로 이어지고 결국 이것들이 쌓여 좌절과 절망, 자포

자기가 되어 사회를 병들게 한다.

　우선 감사할 거리를 나와 내 주변에서부터 찾아보자. 우리 심장은 1년에 5천만 번 뛴다. 이것이 1분만 멈춰도 우리는 식물인간이 된다. 한 사람의 핏줄의 길이는 12만Km이며 이는 지구 둘레의 3바퀴이다. 피가 하루에 흐르며 움직이는 거리는 370만Km라 한다. 만약 1분만 막혀서 움직이지 않으면 식물인간이 되거나 사망한다. 우리가 모르는 사이 마시는 공기는 무한하며 돈을 전혀 지급 하지 않아도 된다. 금보다도 중요한 것이 공기이거늘 우리는 공기의 고마움을 모른 채 금을 위해 사는 시간이 늘 많으며 이 고마운 공기가 있는 것을 망각하며 산다.

　중환자실에 가보면 그 흔한 공기를 스스로 못 마셔 인공호흡기를 의지하는 사람이 많다. 인체의 제약으로 인해 우리가 자연으로부터 얻은 무료의 혜택을 누리지 못할 때 그것들이 얼마나 고마운 것인지를 그때 알게 된다. 그리고 가정과 사회에서 배려나 가르침, 그리고 은혜를 느끼지 못하고 감사하지 못할 때가 너무나 많다.

　우리가 사는 나라나 사회도 마찬가지이다. 나라를 잃어 본 국민은 그 나라의 중요성이 얼마나 큰지 실감할 것이다. 우리나라는 특히 좁은 땅덩어리, 굴욕의 역사, 일본의 착취와 지배, 세계 유일의 분단국가, 자원 없는 나라, 사고 공화국, 음주, 자살, 이혼 1위의 국가 라는 오명에도 불구하고 현재의 우리나라는 다른 나라의 동경의 대상이기도 하다.

　그러나 정작 우리는 사회와 국가 그리고 현재 모습에 감사할 줄 모르고 불신의 시선으로 세상을 바라본다. 외부의 어떤 사람들은 부러움의 대상으로 우리를 쳐다보고 있다. 우리나라를 평생 한 번이라도 와보는 것이 꿈이라는 동남아 사람들의 이야기도 들어보았다. 우리나라는 독창적인 문화로 한류 열풍을 일으키며 세계 속에 그 존재를 한창 떨치고 있고 북한을 제외한 세계 어느 나라하고도 적으로 지내지 않는 융통성 있는 민족이다. 즉 어디 가서든 장사하며 봉사하고 때론 선교도 한다.

특히 우리나라 개화의 시발점이자 지식의 산파 역할을 해준 미국의 선교사들은 우리의 선조 때부터 숭고한 목숨을 바쳐 우리나라에 헌신하였고 그들은 목숨을 담보하고 학교를 세우고 지식을 전파하고 선교하면서 오늘날 대한민국이 있는데 일조하였던 것을 부정하는 사람은 없을 것이다. 그런데 이제는 대한민국이 세계에서 가장 많은 선교사를 해외 각지에 내보내고 있다. 2위는 미국이다. 이것을 행하는 나라라면 우리나라는 대단한 나라 아닌가?

필자는 업무하면서 그리고 때론 여행을 목적으로 여러 나라를 둘러보았는데, 그때마다 다른 나라들에 비해 우리나라가 다이내믹하고 액티브하다는 것을 느끼게 된다. 왜 그럴까? 그것은 바로 우리나라를 구성하는 우리 자신들 때문이다. 우리나라가 가진 자원 중 최고의 자원은 인적 자원이다. 선진국에 비해서 우리나라는 교육열이 뜨겁고 국민 전체의 지적 수준도 높은 편이다.

불과 60여 년 전만 해도 전쟁으로 황폐해진 국토에서 경제화와 민주화를 일궈 낸 저력이 있는 이 나라에 산다는 것이 얼마나 감사할 일인가. 좋지 않은 뉴스에 주목해 안타까워하고 성내며 지내기보다는 감사하는 마음으로 서로를 배려하고 인내하면서 조금만 이해해주고 양보한다면 더 좋은 친구와 이웃, 그리고 사회가 될 것이다.

　이 책을 보는 신입사원, 사회 초년생은 중소기업이든 대기업이든 취업이 되었다는 것에 감사하고 취업 준비생이면 준비하는 그 자체에 기뻐하며 감사하라. 내가 할 수 있는 일이 있다는 것, 무엇을 시작할 수 있다는 것 자체에 감사하라. 우리가 잠자는 시간에도 심장은 수십 만 킬로미터의 혈관에 피를 보내고 있듯 묵묵히 우리 일을 감당하면서 보이지 않고 평소 느끼지 못했던 것에서부터 감사를 해 보자.

　잠잘 곳이 있다는 것, 잠이 잘 온다는 것, 꾸중해 주실 부모님이 있다는 것, 내가 누군가를 도와줄 수 있다는 것 이 모든 것이 고마운 일이다. 내가 영화롭고 세상에서 제일가는 권력자이자 부자라고 해서 꼭 잘 살고 행복하다 할 수 있겠는가?

　가장 축복을 많이 받고 부귀영화의 자리를 그의 아버지 다윗에게 물려받은 고대 이스라엘 3대 왕이자 지혜의 왕 솔로몬은 역사상 가장 화려한 궁전에서 누릴 수 있는 모든 영화와 권세를 누리고도 말년에 "모든 것이 헛되도다!"라고 탄식했다. 독자 여러분도 왜 솔로몬이 화려한 궁전에서 태평성대와 권력을 누리며 "인생이 헛되도다."라고 했는지 한 번쯤 생각해 보았으면 한다.

필자가 경험해본 나라 중 특히 동남아시아 국가의 임금 수준은 우리나라의 30% 이하이며 지식, 교통수단, 인프라, 사회시절 등이 턱없이 부족하고 주변 환경이 좋지 않다. 살기에 너무 불편해 보이지만 도시 속 오가는 사람들의 표정을 보노라면 최소한 우리보다 행복지수가 높을 것 같은 느낌이었고 실제 통계적으로도 우리나라 행복지수보다 높게 나왔다.

날마다 우리에게 들리는 소식은 사고나 자살, 범죄소식이 신문과 매스컴에 도배를 한다. 다른 긍정적인 뉴스보다 암울하고 쇼킹한 소식들을 잘 전하고 것이 매스컴의 능력이라고 여기지는 것 같다.

사회구성원들이 갈수록 옳고 그름을 떠나 자기 자신의 생각을 강하게 표출하고 또한 자기의 생각을 무분별하게 실행하는 경향이 있다. 감사할 줄도 모르고 만족할 줄도 모르며 불특정 다수에게 불만을 품고 있다. 성경에서는 이런 현상을 종말론적 현상으로 여긴다. 먹고 살기 바쁘다는 이유로 아니면 나 자신이 지쳐 있어서 주변을 돌아볼 여유를 갖지 못하는 데서 오는 현상이다.

솔로몬의 "모든 것이 헛 되도다."란 명언에서 교훈을 새기며 신입사원, 사회 초년생은 자기의 갈 바를 가되 나중에 헛되지 않은 길이 무엇일까 고민해 보길 바란다.

필자와 절친한 회사 후배는 어릴 때 어머니를 여의고 아버지와 둘이 살고 있다. 그와 아버지 둘 다 장애를 가졌다. 아버지는 혼자서 아무것도 하시지 못하는데, 주중에는 친척의 도움을 받고 주말에는 후배가 집에 내려가 아버지를 돌본다. 그 후배는 월요일이면 어김없이 웃는 얼굴로 출근을 한다. 후배와 아버지는 서로를 자랑스럽게 여긴다. 이들을 보노라면 세상에 감사할 일이 많음에도 불구하고 감사하지 못하고 산다는 것을 새삼 부끄럽게 느낀다.

하루에 한 가지씩 감사할 일을 꼭 적어보라. 그러면 감사할 일이 점점 쌓여서 주변이 달라 보일 것이다. 또한 얼굴 모습이 밝게 빛나고 마음과 행동이 바뀌게 될 것이다. 감사는 축복의 통로이자 기쁨의 통로다.

14년 전 필자는 메일 계정을 'kamsaham(감사함)'으로 정하고 거의 모든 ID 앞에 KAMSA(감사)를 넣었다. 회사 내의 닉네임도 한글로 '감사'다. 그렇다고 회사에서 좋은 일만 있었던 것은 아니다. 기억을 더듬어 보면 필자에게 업무를 지시받았던 후배가 갑자기 필자의 상사가 되어 2년여 동안 필자에게 직접 업무지시를 했던 적도 있었고, 몸이 심하게 아파 견디기 힘들 때도 있었으며, 큰돈을 날린 적도, 가정의 어려움으로 오랫동안 기도원과 병원, 회사를 오가며 지친 상태로 거의 10년을 지냈던 적도 있었다. 몇 년 전 어느 학교에 강의 차 들렀는데 학교 현관 중앙에 이런 문구가 새겨져 있었다.

'감사할 여건이 되어서 감사하는 것은 진정한 감사가 아니다. 감사할 여건이 아님에도 감사하는 것이 진정 감사다.'

감사할 수 있다는 것은 살아 있다는 증거이자 또한 감사할 일을 만날 수 있다는 증거다. 부모님과 형제자매, 친구, 선생님, 선후배, 환경

미화원, 교통경찰관, 식당에서 서빙하는 사람 등 이 사회에서 보이지 않게 수고하는 사람들에게도 신께 "감사합니다!"하고 마음속으로 고백해 보자. 그러면 끌어당김의 법칙처럼 감사할 일들이 찾아올 것이다. 또한 가장 가까이 있는 나의 심장에 손을 대고 속삭여 보자. 심장! 너 수고 많구나~~ 감사하다. 그리고 계속 수고해줘~~ 또한 자기 머리를 쓰다듬어 보자. 수고 많구나 머리야 고마워~~라고 ㅎㅎ.

05

인맥은 때론 금맥이다

궁핍과 곤란에 처한 때야말로 친구를 시험하기 가장 좋은 기회이다. 어떠한 때에도 곁에 있어 주는 것이 참된 친구이다.

– 솔로몬 왕

아무리 어려워도 나를 도와줄 최상의 인맥, 우수 인맥, 중간 인맥, 초기 인맥 등 다양한 관계별 · 계층별로 인맥을 관리해야 한다. 최소한 6개월에 한 번은 인맥별 정보를 업데이트 해야 살아 있는 인맥으로서 유효하다고 할 수 있다. 인맥에 관한 정보를 업데이트하는데 상당한 시간이 걸리더라도 노력을 게을리 하지 말아야 한다.

– 서형준 커리어 코치

사람이 살아가는데 있어서 인맥이란 대단히 중요하다. 그런 인맥을 형성하고 유지하기 위해 어떻게 하면 좋은지 알아보자.

인맥 형성하기 6가지 테마

첫째, 내 주변 인맥부터 챙겨라. 내 주변 사람들이 모두 다 인맥이라고 생각한다면 착각이다. 내 주변은 오히려 나를 더욱 날카롭고 예리하게 보고 있다. 나의 행동거지나 태도를 알게 모르게 모니터한다. 그래서 내 주변에 더욱 정성을 기울이기 바란다. 가식적으로 할 필요는 없다. 정성을 기울이고 진솔하게 대하며 향후 만나도 동일한 모습을 보인다는 것은 내 주변부터 믿게 만드는 것이다.

어떤 사람은 자기 팀원, 자기 조직원들과는 소원하다. 자기 팀원과 조직을 비난하고 겨우 일할 때만 같이하고 다른 팀이나 먼발치의 사람들과 유난히 잘 어울리는 것처럼 친분을 과시한다. 이런 것은 바람직하지 않다. 인맥의 시작은 내 주변에서 시작됨으로 내 주변 동료나 친구, 상사를 존중하고 진솔하게 대한다면 이미 인맥은 형성되고 있는 것이다.

둘째, 인맥 가계부를 작성하라. 1년 동안 업무적으로 대화를 나눴거나 기억나는 주변 사람 그리고 사내 인맥 리스트를 작성해 보자. 인맥별로 특기 및 취미 그가 특별히 좋아하는 것, 생일이나 기념일, 배울 점이나 장점을 기록하자. 언젠가는 필요한 데이터가 될 것이며 그 데이터를 활용하여 지속적으로 소식을 전하고 관심을 기울이자.

셋째, 오프라인 인맥 모임을 주도해 보자. 관심 분야가 같거나 취미 활동을 함께할 모임을 만들어서 평상시에 친해지고 싶었던 동료들을 초대해 보자. 스포츠 게임, 등산모임, 소설 읽기, 전공 모임, 연주 모임 등 부담 없고 재미있을 듯한 모임의 주최자가 되어 보자. 의외로 다른 사람에 대해 많은 것을 알게 되고 더욱 허물없이 지내게 되는 동기가 될 것이다.

넷째, 점심시간을 최대한 활용하자. 스타벅스의 하워드 슐츠는 매일 점심시간에 새로운 사람들과 식사를 했다고 한다. 매일 똑같은 사람과 밥을 먹지 말고 소원한 동료나 상사와 식사를 해 보자. 성공한 CEO들은 매일 만날 사람을 정하고 식사 시간을 활용해 만난다는 공통점이 있다.

다섯째, 경조사는 가급적 챙기자. 경조사에 관심을 갖는 것은 인맥 쌓기의 기본이다. 요즘은 예전과 달리 경조사에 사람이 그리 북적이지 않는 것 같다. 친하다고 한 친구가 경조사에 연락도 없이 불참하는 것은 상대방에게 오래 기억되게 될 것이다. 내가 관심이 있고 귀하다고 여긴 인맥이라면 경조사 참여에 정성을 기울이고 부득이한 경우라도 후사하거나 인사를 남긴다.

여섯째, 크레이지 메이커가 누구인지 파악하자. 친해지는 것만이 인맥 관리는 아니다. 때론 관계를 차단함으로써 인맥을 정리할 수도 있다. 어디든 관계를 무너뜨리는 크레이지 메이커가 있게 마련이다. 그런 사람들에게는 시간과 정성을 쏟는 것은 낭비일 수 있다. 마음에 들지 않는 한 사람 때문에 매일 스트레스를 받으면서 이직을 고민하지 말자. 티 내지 않으면서 업무에만 충실한 것도 인맥 관리의 노하우다.

자신의 부족한 점을 더 많이 부끄러워할 줄 아는 이는
더 존경받을 가치가 있는 사람이다.

– 조지 버나드 쇼

2
Chapter

존재의 이유,
욕구 충족

1
2
3
4

변화를 즐기고 순응하자

> 살아남은 종은 가장 강한 종도, 가장 지능이 높은 종도 아니다. 변화에 가장 빠르게
> 적응한 종일 뿐이다.
>
> – 찰스 다윈

과거 졸업한 고향의 초등학교에 가 보았다. 그렇게 넓어 보이던 숨이 차오를 만큼 뛰어야 가로지를 수 있었던 운동장은 이제 한달음이면 달려갈 수 있었다. 펄쩍 뛰어야 매달릴 수 있었던 철봉은 이제 목 아래 위치한다. 몸은 이렇게 자랐는데 마음 또한 그만큼 성장했는가?

우리의 몸이 성장하는데 영양소와 운동이 필요하다면, 우리의 마

음을 발전시키는 데는 과연 무엇이 필요할까? 직면한 문제를 극복해내고 경험을 넓히고 세상 만물이 변하듯 나 자신의 생각과 사고가 변화해야 모든 것이 가능할 것이다.

우리의 몸과 마음은 수많은 외부 요인에 의해 변화한다. 변화하지 않는 것이 없다는 것만이 유일하게 변하지 않는 사실이다. 발전하고자 한다면 변화와 실패를 두려워해서는 안 된다. '인간의 역사는 도전과 응전의 역사'라는 말이 있다. 다른 사람들과 관계를 맺고 살아가는 인간사회에서 타인의 평가에 신경이 쓰이는 것은 인지상정이다. 하지만 중요한 것은 실패와 변화에 대한 타인의 평가나 조명이 아니라 자기 자신이 도전할 수 있는 의지와 마음가짐이다. '삶은 의지에의 표상'이라고도 외쳤던 철학자 니체의 말처럼, 우리는 우리가 원하는 방향으로 삶을 진행해 갈 책임과 의무가 있다.

인간은 변화할 수 있고, 그 변화를 선택할 권리가 있으므로 오늘보다 더 나은 내일을 만들 수 있다. 자기 자신을 신뢰하고 하루에 한 걸음씩만 변화할 수 있도록 준비하고 실행하자. 개인생활은 물론이고 직장에서도 부서 이동, 직장의 이동, 대규모 적자나 감원 등 여러 가지 변화가 빠르게 일어난다. 회사의 일원으로서 이를 거부하기는 어려운 일이니 순응하고 즐기는 자세를 가진다면 프로의 반열에 들어설 것이다.

'회복 탄력성'이라는 개념은 실패에 도전하고 극복함으로써 체득할 수 있다는 의미이다. 몇 해 전 모든 것을 다 가진 것 같은 연예인, 기업인, 재벌 2~3세 등이 스스로 자기 목숨을 버리는 일들이 연이어 일어났다. 자세한 연유는 모르지만 이들은 황당한 변화를 통한 어려움을 만나 본 적이 없기에 크고 작은 실패에 좌절과 낙담 그리고 자포자기 하므로써 극단적인 선택을 하지 않았나 싶다.

변화는 필연적이고 내가 원하지 않아도 올 것이며 내가 변하지 않으면 그 상황이 나를 변하게 할 것이다. 이왕 변해야 한다면 앞서 자원하여 변화하고 순응함으로써 더 큰 변화에 자연스럽게 대비하도록 하자.

02 내 자화상 어떻게 그릴까

자신의 부족한 점을 더 많이 부끄러워할 줄 아는 이는 더 존경받을 가치가 있는 사람이다.

– 조지 버나드 쇼

1980년대만 하더라도 경제가 급성장하던 시대라 어렵지 않게 일자리를 구할 수 있었다. 또한 그전에는 더 경제적으로 어렵게 살아온 시대라 밥을 배불리 먹을 수 있으면 무엇이든 할 수 있을 것 같았다. 자아실현이나 인생의 진정한 의미 같은 것은 생각할 틈이 없었다. 지금까지도 우리들은 남들이 하는 대로 살기에 급급한 나머지 그만 자기 자신을 잃어버린다.

돈을 벌기 위한 수단으로 직업을 선택한다면 나중에 후회하게 될 것이다. 직장인 중에서 단지 18%만이 회사에서 최선을 다한다고 대답할 정도다. 우리나라가 OECD 국가 가운데 노동생산성이 가장 낮은 국가 중 하나라는 결과를 보더라도 우리는 돈 때문에 능력을 잘못 활용하고 시간도 허비하고 있는 것이다.

평균 수명 100세 시대를 맞아 정년을 채우더라도 퇴직 후에 40년 가량을 더 살아가야 한다. 돈을 벌기 위해 원치 않는 일을 해 왔다면 제2의 인생을 또다시 그렇게 살 수는 없는 노릇이 아닌가. 무대 위에서 연기하다 죽고 싶다는 유명 배우나 글을 쓰다가 잠들겠다는 작가, 그들은 에우다이모니아(Eudaimonia - 깨달음의 희열)를 찾고 그런 상태에서 생을 마감하고 싶었던 것이다.

자신의 원형을 찾고 스스로 선택한 일에 최선을 다하는 것만이 남은 삶을 아름답고 솔직하게 살 수 있는 방법이다. 현실과 조금 다르겠지만 삶의 가치를 단지 경제력이나 명예, 부란 목표에 설정하고 사회생활을 시작한다면 조금은 수정하였으면 어떨까 한다.

다른 사람들의 평판에 좌우되지 말고 독자들 자신의 잣대로 만족하고 바라는 삶을 향해 나아갔으면 한다. 그렇다면 어떻게 해야 자신의 상에 접근할 수 있을까?

첫째, 자기가 즐겁게 할 수 있는 것에 집중해 보자.

세상을 떠들썩하게 한 영국 남부 웨일즈 출신 팝페라 가수 폴 포츠. 지금은 유명해져서 우리나라에 벌써 여러 번 방문한 적이 있다. 과거 그는 학창시절 친구들의 미움을 받아 왕따를 당했고 무시당했으며 교통사고와 종양 제거수술로 좋아하는 음악을 포기하기도 했으나 "음악은 나의 꿈이자 나의 여생을 걸 만한 것이고 이것을 이루기 위해 태어난 것 같다."고 고백을 할 정도로 자기가 좋아하는 음악에 심취했다.

휴대폰 판매원이었던 그는 영국 「브리튼즈 갓 탤런트」란 프로에서 우승하였고 이후 더욱 홀리는 듯한 고음의 목소리로 음반을 쏟아냈다. 그가 핸드폰 판매를 즐겁게 그리고 혼신의 힘을 다해 했더라도 직업적으로도 성공은 했으리라 생각되지만 폴 포츠는 분명 자신이 즐겁게 하고 싶은 것을 알고 있었고 그것에 집중을 하였기에 사람들로 하여금 눈물짓게 만든 것이다.

필자도 20년 이상을 한 곳에서 일했지만 좀 더 즐겁게 일했으면 더욱 좋은 결과를 도출했으리라. 그러나 즐겁게만은 생활하지 못한 것 같다. 삼성반도체 공정팀장, 파트장 시절 늦게 남아 일하는 것이 특기요 취미였기에 돌아보면 24시간 365일 현장에서 각종 제품의 사건·사고를 힘들게 수습하던 시간이어서인지 즐거움보다 피곤하고 어려움이 많았다고 느꼈던 것 같다.

그러나 일을 마친 저녁 늦은 시간 교회에 나가 혼자 새벽까지 연주연습을 몇 년 동안 했다. 그 결과 연주단 한 개는 대학 교수와 공동 창단을 했고 지금은 20명이 넘는 제법 규모가 있는 연주단이 되었다. 또 다른 한 팀을 창단하여 10여 명 정도가 되는 연주단이 되었다. 회사 일은 아니지만 좋아서 집중하는 그 어떤 것은 꼭 자신의 목표가 아니더라도 시간이 흐르고 난 뒤 그 시간들이 나도 모르게 무엇이든 이뤄줄 수도 있다는 것을 알게 될 것이다.

둘째, 적어도 10년 이상은 노력해 보자.

역사상 전문가 반열에 오른 사람들이 한 가지 일에 몰두했던 최소 시간은 10년이라고 한다. 상대성 이론의 아인슈타인, 페니실린을 발명한 페니실린 그리고 허드슨강의 기적을 연출한 슐랜버거 등은 적어도 10년 이상 한 분야에서 꾸준히 집중적으로 노력한 사람들이다.

　이들은 초기에 주목받지 못했거나 결과물들이 세상에 잘 알려지지 않은 사람들이었다. 그러나 지속적으로 자기 분야를 10년 이상 집중한 결과 엄청난 성공을 거두었고 사회에 기억되는 사람들이 되었다.

　사회 초년생 후회하지 않는 직장생활을 위해 꼭 알아야할 것들

셋째, 고민하는 시간을 가져보자.

인간은 고민을 통해 번영을 이룬다. 정신없이 돌아가는 시대의 흐름을 인정하지만, 거기에 휩쓸리지 않고 홍수에도 버티는 튼튼한 거목과 같이 엄중한 고민의 시간을 가지고 나를 바로 세워야 한다. 자신의 마음을 들여다보고 심독하는 시간을 매일 잠깐씩이라도 가져보자.

넷째, 나의 이력서를 정리해보고 Update해 보자.

내가 전에 있었던 학교 그리고 친구들, 좋아하고 잘 하는 것들, 내가 바라는 것, 경험했고 기억에 남는 일들, 아르바이트했던 기억들, 직장에서 칭찬받았던 일들을 정리하고 나중에 포부와 꿈, 걸어갈 방향을 정해 보자. 그러면 너무 감성적이지 않고 너무 이상적이지도 않게 자기를 바라볼 수 있을 것이다.

03
동서양의 융합 · 복합화 배우기

사랑받고 싶으면 사랑하라. 그리고 사랑받게 행동하라.

– 벤자민 프랭클린

조선 후기에 쇄국정책을 고집했던 사람들과는 달리 개화파의 신지식인들은 '동도서기(동양에서는 도를 배우고, 서양에서는 기술을 배우자)' 정신으로 필요한 문물은 받아들이자는 기조를 드높였다. 또한 현대 IT 기술 중 공전의 히트작인 아이폰을 만들어 낸 스티브 잡스는 기술력이란 인간을 위한 것이라면서 인간을 이해하기 위해 선불교에 심취했었다. 그 시대의 선각자들은 보수적이지 않으며 새로운 것을 받아들일 준비가 되어 있었다.

이 책을 읽고 있는 독자들은 좋은 환경에서 삶을 영위하고 있을 것이라고 판단된다. 이미 취직을 했거나 아니면 입사할 만한 자격을 갖춘 신입사원으로서 사회생활에 성공적으로 적응하기 위해 이 책을 보고 있을 것이기 때문이다. 또한 독자들은 무한경쟁 시대에 다양한 문물을 수용할 수 있는 환경 속에서 넓은 시각으로 세상을 바라보고 자신이 활동하는 좁은 틀을 탈피해 보기 바라며 회사가 원하는 융합·복합형 인재상을 추구했으면 한다. 융합·복합화를 위해서는 다음과 같은 자세가 필요하다.

첫째, 글로벌 역량이 필요하다. 때론 외국인과의 의사소통 때 어처구니 없는 실수로 큰 손실을 입기도 하는데, 글로벌화 된 세계에서는 의사소통이 안 되고 타 문화를 이해하지 못한다면 더 이상의 발전은 없다. 내수 경제력이 전체 GDP의 30% 이하인 우리나라는 해외에서 발전을 이루어야만 한다. 필자는 세계 곳곳을 다녀 보았지만 그들의 문화와 언어를 깊게 섭렵하지 못한 아쉬움이 있다. 그래서 후배들에게 외국어를 배우고 그 문화를 이해하기를 권하고 싶다.

둘째, 양서를 많이 읽어야 한다. 책 한 권을 쓰려면 책에 담긴 내용의 100배가 넘는 지식이 필요하다. 스마트폰과 인터넷의 발달로 정보를 받아보기 쉬운 환경이라 하더라도 책을 가까이 해야 한다. 성공한 많은 사람들이 인생을 바꾼 것으로 책을 언급하듯이, 꼬리에 꼬리를 무는 독서를 통해 융합·복합화에 필요한 것들을 채우자.

셋째, 이문화를 자연스럽게 받아드리고 적응하자.

최근은 회사 내부에도 외국인이 심심치 않게 보인다. 어떤 사무실은 거의 절반 정도가 외국인인 경우도 있다. 사회 곳곳 어느 곳에서도 이문화는 우리도 모르게 우리 속으로 스며들고 있다. 이것을 굳이 거부할 필요없이 인정하고 받아들였으면 한다. 미국도 다민족이 모여 국가를 이루었듯이 우리나라도 점차 세계화에 거스릴 수 없을 것이고 글로벌화에 몸과 마음으로 동참해야만 진정한 동반자가 되며 21C를 더욱 새롭게 나아갈 수 있을 것이다.

넷째, 올바른 직업 가치관을 정립하자.

회사에 몸담고 글로벌 회사들과 경쟁하는 것 자체가 국가관을 갖는 것이고, 회사에 최선을 다해 노력하는 것은 올바른 직업관의 발현이다. 우리나라 메모리 반도체는 세계 1위, 자동차는 규모에서 세계 5위다. 타 업종에서 1위 하는 것이 많긴 하지만 고용과 수출, 국가에 미치는 파급효과 등을 생각하면 가장 막대한 영향을 미치는 것이 반도체와 자동차 업종이 아닌가 싶다.

특히 세계 1위 반도체는 2013년 2월 현재, 전 세계 DRAM 공급의 69%를 우리나라 기업이 점유하고 있다. 삼성이 40%, SK하이닉스가 29%라니 놀랄 만한 일이 아닌가. 기술과 자원이 부족한데도 우리나라가 이렇게 올라선 것은 여기에 종사한 모든 이들의 승리이자 공적이라고 생각한다.

신입사원들은 단순히 회사에 취직한 것이 아니라 경쟁하는 세계무대에 오른 것이다. 작은 국토, 부족한 자원, 분단국가라는 열악한 여건 속에서 과거 절대 규모와 전략적 우위에 있는 일본 수군에 23전 전승을 기록한 민족의 자랑 이순신 장군처럼 내가 맡은 일이 비록 작은 일이지만 조직과 회사, 그리고 사회를 위한 것이라는 직업적 가치관을 가지고 임했으면 한다.

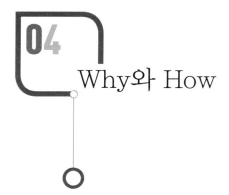

Why와 How

선진국과 후진국의 차이는 'What to do'를 중시하느냐, 'How to do'를 중시하느냐에 달려 있다고 교육 관련자들이 자주 언급하기도 한다. 후진국에서는 어떤 일을 하느냐가 중요한데 반해, 기초 과학 기술이 비교적 발전한 서양에서는 왜 하느냐, 어떻게 할 것인가부터 이야기를 시작한다.

가장 첨단산업이라는 반도체 현장에서도 약 20년 전부터 Why to do, How to do에 관한 중요성이 강조되어 왔고 업무를 실행하는 현장 엔지니어나 상사, 관리자들이 업무 추진 시 수시로 사용하는 방법이다. 일본의 경우 도요타를 중심으로 종합 생산성 향상 도구인 TPM을 추진하면서 Why/why 분석 및 실행을 강조해 왔다. 삼성반도체 현장에서도 Why/why 분석은 많이 활용되어 왔다.

필자는 여러 차례 도요타를 방문하여 TPS 연수 및 개선 과정에 참여했는데, 일본 자동차 회사의 발전이 Why/why 사상의 도입과 그 실천에서 비롯된 것이 아닌가 생각한다. 일본이 서양문물을 받아들일 때 대포와 총기류 등을 받아들여 강해지기도 하였지만 서양문물의 기반이 된 철학으로 Why/why, How to do를 받아들인 것이 핵심이라고 여겨진다.

한국 반도체 제조 기술이 세계적 수준이라고 하지만 아직 반도체를 만드는 장비는 미국과 일본, 유럽이 주도하고 있다. 당장 미국과 일본, 그리고 유럽의 특정 회사가 장비를 수출하지 않으면 우리나라 반도체 산업은 심각한 타격을 입을 것으로 예상된다. 왜 우리는 반도체 장비를 만들지 못했을까? 왜 그것이 어려운가? 어떻게 해야 할까?

회사에서 각종 보고나 발표회 때 상사가 '그건 왜 그렇죠?'라는 질문을 한다고 예상해 보라. 그러면 더 철저히 준비를 잘 한다면 그 발표하는 내용이나 추진하는 일의 목적과 성과 그리고 이해도가 높아질 것이다. 업무 추진 시 문제를 직면했을 때도 역시 먼저 Why를 접목해 보라. 정확한 Why를 알게 된다면 How to do는 자연스럽게 알게 될 것이다.

많은 기업들이 TPM과 식스시그마, TRIZ 등의 Tool을 들여왔고, Why와 How가 산업 전반에 도입된 지도 약 30년 정도가 지난 지금도 Why/why와 How to do를 자연스럽게 활용하고 있다. 어느덧 우리나라의 조선, 반도체, 자동차, 중공업 등은 세계 Top class에 들게 되었다. 매출과 기술로 따지면 선진국 수준에 있는 것이다.

그러나 아직 기초기술 및 Material 기술 등은 많이 부족하다. 예를 들어 여러분이 가끔 결혼식이나 돌잔치에 사용하는 He 풍선을 보자. 풍선 내부에 He gas를 주입하면 풍선이 떠오른다. 이 뿐만 아니라 He는 의료, 국방, 반도체 등에서도 없어서는 안 될 Gas이다. 대부분의 나라들이 세계에서 2~3개 업체를 제외하면 아직 He를 만들 수 없다. 그래서 He를 사정사정하면서 사서 쓰고 있는 것이 현실이다.

오늘날 기초기술 및 재료(Material)기술이 많이 부족한데 그것이 바로 우리가 처한 현실이다. 첨단 산업화에 필요한 물질들과 필요한 기초기술들은 너무나 많은데, 우리는 못하는 것과 없는 것이 너무 많다.

반도체의 1등은 리스크를 두려워하지 않고 대규모 투자를 지속적으로 감행한 경영자와 지칠 줄 모르며 불철주야 일해 온 우수한 근로자, 3D 업종에 속해 선진국의 관심에 멀어진 분야라는 효과로 인해 한국이 반도체 산업에서 1등을 할 수 있었지만 이제는 판이 달라지고 있다.

지금까지는 시키는 대로 잘하면 되었고 문제를 잘 해결하는 사람이 인정받고 필요한 리더로 성장했다. 하지만 이제부터는 어떤 현상에 대해서 기본(Basic)을 생각해야 하며 그러기 위해서는 Why와 How를 철저히 연구해야 할 것이다. 그래서 모든 일에도 이를 접목해 보았으면 한다. 신입사원 때부터 이를 실행한다면 상사로부터, 동료로부터 "Good job!"이라는 소리를 듣게 될 뿐만 아니라 일의 Basic

을 배우게 될 것이다.

Why, How를 업무에 적용할 때 주의할 점은 "그건 왜죠?", "어떻게 하죠?" 하고 물을 때 상대방을 존중하며 예의를 갖추는 센스를 잊지 말자. 질문을 하는 것은 상대방을 존중하는 것이기도 하지만 자칫 무시하는 발언으로 오해를 받을 수도 있기 때문이다.

여행이란 일상에서 영원히 탈출하는 것이 아니다.
좀 더 새로워진 나를 만나는 통로이며 넓어진 시야와 마인드,
가득 충전된 에너지를 가지고 일상으로 돌아오게 하는 것이다.
- 아네스 안

3 Chapter

진정한 행복은 무엇인가

SUCCESS

1
2
3
4

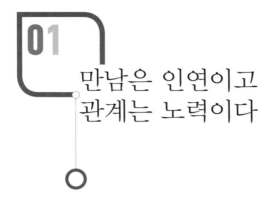

01

만남은 인연이고
관계는 노력이다

경기도 어느 군 골프장 암석에 새겨진 문구를 본 적이 있다. '만남은 인연이고 관계는 노력이다.' 그렇다 만남은 항상 어디에서나 일어난다. 지하철에서든 영화관에서든 비행기 안에서든 피서지이든 예배당이든 우리는 사람이 있는 곳이면 언제나 만남이 있다는 것을 이미 안다. 그러나 관계는 다르다. 관계는 만남을 넘는 그 무엇인가 의 인풋을 넣어야 하는 것이며, 그때 비로소 관계가 시작된다.

심리학자 매슬로우의 욕구 5단계(1단계 – 생리적 욕구, 2단계 – 안전의 욕구, 3단계 - 소속과 애정의 욕구, 4단계 - 존경의 욕구, 5단계 - 자아실현의 욕구)를 예로 들어보자. 1단계는 생리적 욕구만을 위한 관계인데, 가장 기초적이고 기본적이어서 동물도 할 수 있는 관계이다. 그렇다면 가장 높은 단계인 자아실현의 욕구를 위한 관계를 설정하고 이에 대해 노력하는 것이 이상적이지 않을까 생각한다. 하지만 사회생활 · 조직생활에 필요한 좋은 관계는 메슬로우의 욕구 5단계처럼 그리 쪼갤 필요도 없고 구분할 수 있는 것도 아니다. 단지 좋은 관계를 유지하기 위해 무엇을 어찌 해야 할지 함께 고민해 보자.

우리나라는 예로부터 두레와 품앗이 등 공동체적 삶을 살아왔다. 관혼상제를 당한 사람이 있으면 만사 제쳐놓고 함께하며 희로애락을 나눴다. 작은 관계부터 큰 관계까지 조금 변하기는 했지만 이미 우리는 좋은 관계를 위하여 아무도 모른 채 노력하고 실천하고 있다. 이제 사회에서 새로 출발한 친구들은 직장에서의 어려운 관계를 즐거운 그리고 행복한 관계로 발전시키기를 바란다.

많이 오해하는 것 중의 하나는, 서양은 직장 개인주의가 심하기 때문에 업무협력이 되지 않을 것이라는 생각이다. 어떤 면에서는 그렇다. 하지만 해외 글로벌 기업의 연수나 Consulting을 수차례 다닌 적이 있는 필자는 그들에게서 극히 개인적인 모습과 어떠한 일이 벌어질 때 무서울 정도로 강하고 집중된 모습을 본 적이 많다.

세계 최고의 기업 구글에서는 여러 가지 프로젝트를 하기 위해 업무의 정확한 R&R(Role & responsibility, 역할과 책임)을 명시한 이후 수평화된 기업문화 속에서 자유롭게 토론하고 아이디어를 발전시키는 것을 가장 중요하게 생각한다.

영국에 있는 에드워드라는 회사를 방문했을 때 그 회사는 프로젝트 실행에 있어서 사원부터 할머니, 비서, 대표까지 나서서 혼연일체가 되어 일하는 모습을 볼 수 있었다. 젊은이부터 나이든 어른들까지 사업장에 앉아 오순도순 일하는 모습이 우리 어릴 적 함께 모여 사는 가정 같았다. 그들의 현재 퇴직률은 0%에 가깝다고 한다. 공무원도 아닌데 사기업에서 이런 퇴직률이 가능한 수준일까? 아마도 서로간의 좋은 관계와 유대감 그리고 신뢰가 이끌어낸 결과물일 것이다.

한 사람의 힘으로는 나룻배 하나도 제대로 몰 수 없지만 수많은 사람들이 모이면 항공모함도 끌 수 있고 비행기도 만들 수 있다. 안분지족하는 삶을 사는 것보다는 세상에서 부딪치며 의미를 찾고 함께 공헌할 수 있는 삶을 만들어 가자. 그렇기 위해서는 관계를 잘 맺는 것이 상당히 중요하다.

국내 최고의 대학을 나온 팀원이 있었는데 그 친구는 최고의 스펙을 갖추고 가정환경도 부러울 정도였지만 팀원들과의 협업이 어려웠다. 상사와의 관계는 당연 최악이었다. 그는 결국 다른 데로 이직하게 되었는데, 그 회사에서도 적응하는데 어려움을 겪고 있다는 소식을 들었고 또 다른 팀으로 전배를 요청받은 상황이라고 들었다.

아무리 스펙이 뛰어나도 팀워크에 부자연스럽다면 적응하거나 성과를 내는데 한계를 느낄 수 있다. 1인 사업가라고 해도 마찬가지일 것이다. 모든 재화, 서비스 등을 혼자 갖추기는 힘들다. 주변 사업자와 관계를 형성해야 하고 상호 간의 시너지 효과를 내야 한다. 사회에서는 융합, 복합, 시너지, 컨버전스, 디지로그 등 복합적인 관계의 장이 펼쳐지고 있다.

필자는 사람과의 관계를 매우 중요시하기에 많은 다양한 사람들에게 관심이 있다. 많은 사람들을 알고 있는 것과 좋은 관계를 유지하는 것은 다르지만 그들이 나에 대해 호감을 갖고 지속적으로 사적이든 공적이든 On-offline을 통해 교류하면서 함께 어울릴 수 있다는 것, 이것은 이미 성공적인 관계가 시작된 것이라고 확신한다.

각자 스마트폰만 들여다보는 현대에는 관계 맺기가 어렵다고 한다. 가까이 있어도 눈 마주치기가 쉽지 않다. 그러나 주변을 살펴보라. 나의 도움을 기다리는 사람이 얼마나 많은지, 진정성을 가지고 관계를 갖고자 한다면 언젠가는 이질적인 사람들과도 함께할 수 있을 것이다. 특히 회사에서 좋은 관계를 맺기 위해서는 다음과 같은 것이 중요하다.

첫째, 자신이 속한 곳에서 수직·수평 구조를 잘 살피고 거기에서 요구되는 니즈를 최대한 만족시킴으로써 보다 인간적인 관계를 만들어 가도록 한다. 또한 장유유서의 가치가 남아 있는 동양사회의 문화를 존중해서 윗사람을 향해서는 공경하는 마음을 갖고, 약자나 후배한테는 대가 없이 도와주며 협력하는 낮은 마음가짐이 필요하다.

둘째, 고객을 이해하고 만족시키자. 여기서 고객이란 내부고객과 외부고객으로 나눌 수 있는데, 내부고객은 내 동료, 동기생, 내 직속상사나 가정이 될 수 있다. 그렇다면 외부고객은 누구인가? 필자는 이렇게 생각한다. 나의 입장에서 볼 때 다른 부서, 회사, 제도권의 각종 담당자, 대표이사, 실제 자사 제품을 활용하는 고객 등이 될 수 있다. 어렵겠지만 내부고객이든 외부고객이든 그들이 처해 있는 입장과 처지를 이해 못하면 고객 만족이 될 수가 없다. 우선순위가 무엇인지 선배는 무엇이 필요한지 동료가 어떤 애로사항이 있는지 파악하고 그 입장을 파악하려고 노력해야 한다.

회사는 하나의 공정(All in one process) 및 연속성(sequence)이 다반사다. 공동의 목표가 달성되어야만 성공하는 프로젝트가 다수이기 때문이다. 개인별 능력과 역량을 집중하여 목표를 달성하는 것 못지않게 공동의 목표가 달성되어야 한다. 그러기 위해서 내·외부의 고객을 만족시켜야 한다. 시대적 요구에 관심이 없는 돈키호테 같은 비전(불가능한 꿈을 꾸고, 못 이길 적과 싸우고, 하늘의 별을 따는)만 가지고는 결국 가치창출과는 한참 거리가 있을 뿐이다. 이에 비해 세상을 바꾼 위대한 기업들의 비전은 내·외부 고객의 요구를 완벽하게 받아들여 지속적으로 실행한 결과 오늘날 성공 모델을 창출하였다(GE의 에코메지네이션, 인도의 보텍스 등등).

사회생활은 마찰과 갈등 그리고 대립의 연속으로 거의 모든 일에 100% 정답은 없다. 나 또한 후배들에게 정답을 제시할 자신이 없다. 타인에 대한 배려 없이 자신만을 위해 산다는 것은 너무나도 외롭고 처절하고 무식한 길이다. 가끔 승승장구하는 사람도 있겠으나 과연 그의 인생이 모범 답안일까?

최고의 영업사원은 고객의 입장을 잘 이해하는 사람이다. 몇 년 전 모회사의 휴대전화가 고객의 니즈와는 달리 최첨단 기술력만 앞세워 출시함으로써 초기의 관심자(Early adaptor) 외에는 별로 반응이 없었고 오히려 그 제품을 구매한 고객들에게 불편을 초래했다. 클레임 포인트도 많아지고 또한 첨단 기능이 조잡하고 불편한데다 가격도 비싸 결국 고객의 외면으로 그 제품은 출시가 중단되었고 회사 전체가 출렁인 적이 있었다. 고객의 입장을 생각하지 않은 첨단제품의 개발은 고객들을 실망시킬 것이며 관계를 더욱 멀어지게 할 것이다.

셋째, 상황이 아닌 존재로서 사람을 존중해야 한다. '와신상담', '권토중래'라는 말이 있다. 그 사람이 어떤 위치에 있기 때문에 존중하고, 이 사람은 권력을 잃어버렸다고 해서 무시하거나 관계를 단절해서는 안 된다.

군대에서 필자의 아래 계급이었던 사람을 몇 년 후에 회사에서 다시 만났는데, 그는 나보다 훨씬 높은 직급이었다. 살다 보면 이런 일은 흔하다. 필자는 지위와 명성도 신이 내려주었다고 생각한다. 노력해서 뒤집을 수도 뒤집힐 수도 있지만 그 상황에서 만나는 사람마다 존중해 주어야 한다. 좋은 관계도 있고 나쁜 관계도 있다. 하지만 관계를 단절시키지는 말자. 그렇지 않으면 날카로운 부메랑이 되어 다시 돌아올 수도 있기 때문이다. 사회가 관계의 장이라는 것을 다시 한 번 되새기자.

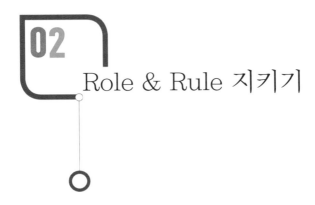

Role & Rule 지키기

미래학자 앨빈 토플러는 『부의 미래』에서 속도에 대해 이야기했다. 기업의 변화 속도가 100이라면 정부의 변화 속도는 20, 학교의 변화 속도는 10, 법의 변화 속도는 1이라고 한다. 법은 느리게 변한다. 이는 단순히 사회상을 반영할 수는 있지만 과거를 뒤엎어서는 안 된다. 법은 위법과 합법의 경계선에 자리한 일부 범법자들에게는 중요한 사항일 수 있지만, 일반 시민들에게는 별로 상관없는 일인지도 모른다.

법은 우리가 지켜야 할 최소한의 준칙이지만 법이 권력의 시녀로 작용하고 정권의 수단으로 전락했다는 비판도 있다. 그리고 소위 법을 만들고 집행하는 사용자들은 오히려 법을 누리며 법의 실행자(적용자)들은 오히려 법을 즐기고 있다.

그러나 법이 우리를 불편하게 하고 자기에게 무익하다고 지키지 않는다면 법이 필요할까? 아마도 국가 그리고 사회의 법이 몰락으로 가게 된다면 이 사회는 무법천지가 될 것이다. 그래서 사회안정의 틀 속에는 항상 법이 존재하는 것이라 생각한다.

몇 년 전 터키 에페스(성경의 에베소서)를 '중성 이온 및 플라즈마 학회'로 며칠 동안 방문한 적이 있다. 중간에 시간을 내어 고대 에페스 시내를 트래킹 했는데 지금은 당시의 건축물 기둥과 뼈대 그리고 일부 터만 남아 있었다. 헬수스 도서관 건물 입구 바닥의 대리석에는 몇천 년 전에 새겨놓은 작은 발바닥 판화 그림이 눈에 띄었다. 그 그림은 닳고닳아 보일락 말락 할 정도로 훼손되었는데, 그 발바닥 그림은 요즘 말하자면 유흥주점(표현이 유흥주점이지 아마 홍등가란 표현이 맞을 듯하다)의 출입 기준을 정하는 그림이었다.

출입하고자 하는 사람의 발바닥을 그림에 갖다 대고 그림보다 발바닥이 작으면 출입 금지고 발바닥이 그림보다 크면 출입이 가능했다고 한다. 수천년 전 고대에서도 이런 유흥주점 출입 규정이 있었다 하니 하찮게 보이지만 이런 화려한 고대 도시를 유지하기 위해서도 작으나마 정해진 규칙이 필요했으리라 생각된다.

회사도 마찬가지로 정해진 기본 업무의 절차와 기준이 있다. SOP(Standard operation procedure)라고도 하는데 업무 절차이기도 하고 사원들과 회사가 이행하기로 약속한 일종의 업무 순서이기도 하다. 회사생활에서 Role은 고용인과 피고용인의 약속이다. 그런 규칙과 약속은 서로간의 기능적 편차와 기회 손실을 줄이고, 그런 Rule을 지킴으로써 개인과 조직 전체의 역량을 높이고 나아가서는 규칙의 준수가 사회를 보호하기도 한다.

특히 독자 여러분이 본격적으로 접하게 되는 사회에서는 타인과 협업해야 하는 경우가 많은데 정해진 규칙을 잘 지켜나감으로써 서로를 신뢰할 수 있고 이로 인해 효율적인 그리고 올바른 결과를 도출할 수 있을 것이다. 정해진 Role을 수행하고 rule을 잘 지켜나가 주길 바란다.

03

궂은일 앞장서서 하기

세상의 중요한 업적 중 대부분은 희망이 보이지 않는 상황에서도 끊임없이 도전한 사람들이 이룬 것이다.

— 데일 카네기

다들 싫어하는 일을 앞장서서 해 보자. 물론 하루 종일 그런 일만 하고 있다면 고급 인력의 낭비로 회사에 도움이 되지 않을 것이다. 그러나 주변 정리정돈이나 눈에 띄는 휴지 줍기 등을 한다면 작은 보람을 느낄 수 있을 뿐만 아니라 바라고 한 일은 아니더라도 언젠가는 칭찬을 받게 될 것이다. 큰 기업일수록 단순한 일은 용역으로 해결하지만 그래도 사람들의 관심 밖인 것을 내가 행한다면 남이 인정해주기 전에 나 스스로 감동하게 될 것이다.

걸프전을 승리로 이끈 미국 최초 흑인 4성 장군이자 합참의장과 국무장관을 역임한 콜린 파월의 출발을 보자. 자메이카 이민자이자 뉴욕의 빈민가 출신인 그가 17세 때 음료수 공장 아르바이트를 갔는데 백인에게는 기계 앞 상자에 콜라를 담는 일을 시키고, 콜린에게는 그 밑바닥을 닦는 일이 주어졌다. 이는 분명 인종 차별적인 일의 분배임에도 불구하고 파월은 개의치 않고 최선을 다해 걸레질을 했고, 다음해 아르바이트 때는 기계 앞에 앉았으며, 그 다음해에는 부감독자가 되었다. 그에게 있어서 출발점의 시작은 아르바이트인데 일하는 자세부터가 남달랐다는 생각이 든다. 이후 파월이 성인이 되어 대학을 가고 ROTC로 군에 입대하여 승승장구하게 된다.

1980년대와 1990년대의 반도체 산업도 마찬가지이다. 매일 쉼 없이 돌아가고 우수한 Clean 첨단 시설을 갖춘 공장임에도 3D 업종이라고들 말한다. 현재는 현장에 사람들이 거의 없는 자동화 시스템이지만 과거엔 많은 선배들이 밤을 지새우며 거의 휴무도 없이 일을 했다.

필자도 공부와 일을 지속해야 했기 때문에 명절 때면 평소에 미안했던 동료들을 대신해 당번도 서고, 회식 때는 혼자 현장을 지키기도 했다. 굳이 안 해도 되는 일이지만 미루면 안 되기에 혼자 기계를 분리하다 다친 적도 있었고, 아무도 없는 현장 구석에서 일하다 심하게 부딪쳐 몇 시간 동안 기절한 적도 있었다.

직장에서는 누구나 귀찮고 어려운 일을 싫어한다. 내가 앞장서서 궂은일을 할 때는 어렵고 힘들지만 하고나면 누가 인정을 하지 않더라도 나도 모르는 사이에 보람을 느끼고 기분도 좋아진다. 물론 다른 사람들의 마음도 즐거웠을 것이라 생각한다. 오늘은 무슨 궂은일을 할까 주변을 돌아보라. 그리고 동료가 도움을 요청할 때 조건 없이 지원해 보라. 서로 조금만 양보하고 몸을 낮추려고 노력한다면 회사 사람들 간에 강한 결속력이 생길 것이고 점점 더 일할 맛 나는 현장이 될 것이다.

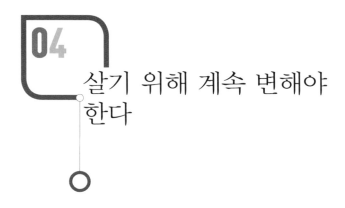

04 살기 위해 계속 변해야 한다

> 외부의 변화가 조직 내부의 변화보다 크다면 최후가 가까워진 것이다.
>
> – 잭 웰치
>
> 우리 시대의 고민은 앞으로 다가올 미래가 과거와 다르다는 데 있다.
>
> – 폴 발레리(프랑스 시인)

제목이 너무 무시무시하지 않는가? 하지만 굳이 이렇게 표현할 이유를 알 것이다. 변하지 않으면 살아갈 수가 없기 때문이다.

잭 웰치의 표현처럼 내가 변하지 않으면 남이 나를 변화시키며 그때는 더욱 견디기 힘든 고통과 대가가 따를 것이다. 이건희 회장 어록 중 가장 회자가 된 문장은 "마누라와 자식을 빼놓고 전부 바꿔라.”라는 신경영 선포 메시지로 근래에도 인용되고 있다. 카멜레온과 독수리 그리고 각종 동식물 심지어 각 회사의 조직이나 기업문화도 지속적으로 변해야 생존을 연장하고 또한 오래 살아남는다는 것을 명심하자.

이 세상에 변하지 않는 것은 참 진리 외에는 없다. 변화에 순응하는 것도 변화의 일부이긴 하다. 변화를 인정하는 것은 어떤 면에서 창조성을 잉태하는 동기다. 하지만 수동적(Passive) 변화보다 주도적(Proactive)인 변화를 해 보자.

아래는 필자가 삼성에서 창의력과 제안 교육 시 교육생들에게 소개한 유명인들의 어리석은 발언 몇 가지이다. 이런 발언을 한 사람들은 당대를 주도한 인물들인데, 그들도 역시 실수하지 말라는 법은 없기에 참고하기 바란다.

① 전화는 탄생 순간부터 통신수단으로서 가장 가치 없는 물건이었다(미국 웨스턴유니온 사의 내부 문건, 1875).

② 공기보다 무거운 물체가 나는 것은 불가능하다(영국의 학술원장 켈빈 경, 1895).

③ 발명할 수 있는 것은 이미 다 발명되었다(미국 특허청장 찰스 듀엘, 1899).

④ 비행기는 재미있는 장난감일 뿐 군사적인 가치는 전혀 없다(프랑스 군사 전문가, 페르디난드 포슈 장군, 1911).

⑤ 텔레비전은 6개월이 지나면 시장에서 사라질 것이고, 사람들은 매일 밤 합판지로 만든 상자를 보면서 조는데 지겨움을 느낄 것이다(미국

20세기 폭스 사 사장 대릴 자눅, 1946).

⑥ 과학이 아무리 발전해도 인간은 달에 발을 들여놓을 수 없다(오디온 튜브의 발명자이자 라디오의 아버지 리드 프레스트 박사, 1957).

시대를 이끌어 갔던 과학자와 리더들의 발언이지만 지금의 초등학생이 들어도 코웃음을 칠 만한 내용이다. 하루가 다르게 바뀌는 세상의 흐름을 따라가지 못하고 그 자리에 멈춰서 있는 것은 아닌지 자신을 뒤돌아보자. 혁신과 변화의 기회가 왔을 때 놓치지 않고 그 방향을 따라갈 준비가 되어 있는지 아니면 내가 앞장서서 변화를 주도할 것인지를 체크해 보자.

필름 카메라의 최대 강자였던 일본 후지필름은 가장 먼저 디지털 카메라의 원천 기술을 획득했음에도 필름 카메라의 수익에 안주했다. 안정된 이익만을 좇은 전략의 실패로 현재 고전을 면치 못하는 후지필름의 모습에서 일본의 경쟁력 악화라는 거울을 보는 것 같다. 한때 세계 휴대전화 시장의 절대강자였던 노키아도 스마트폰에 대한 니즈를 헤아리지 못하고 피처폰으로 성공하겠다고 고집을 부리다 한없이 추락하고 말았다. 이후 스마트폰을 출시했지만 소프트웨어의 채택에 유연하게 대처하지 못해 시기를 놓쳤고 결국 회사는 문을 닫고 MS사에 넘어갔으며, GNP의 30%를 차지한 노키아의 경제 기여도 때문에 핀란드는 국가 자체가 고통받고 있다.

단순히 스마트폰 하나로 보이지만 그 이면에는 Proactive한 변화를 선택하지 않은 노키아의 Passive한 변화를 교보재로 보고 있다. 이젠 MS사조차도 노키아 인력을 구조조정을 한다니 핀란드로서는 분통이 터지는 일일 것이다.

1년 아니 6개월 앞을 못 내다보는 시장 상황 하에서 굴지의 회사 오너들이나 경영자들의 고민은 이만저만이 아닐 것이다. 평사원들도 심지어 농담 삼아 그룹 오너가 부럽지 않다고 한다. 그 만큼 회사의 오너는 예측이 어렵고 또한 무거운 결정을 수시로 내려야 하는 중요한 위치이고 일 또한 많기에 그런 이야기들이 나오는 것 같다.

평생직장이라는 개념이 사라지고 '사오정' '오륙도'라는 말이 등장한 지금, 한창 자신의 전문성을 발휘할 때인 40~50대에게도 직업의 안정성을 기대할 수 없다. 객관적으로 자신의 역량을 파악하고 경쟁력을 길러야만 자리를 잃지 않을 것이다. 직장이란 야외 온천과 같아서 몸을 담그고 있을 때는 좋지만 물 밖으로 나오면 찬바람을 맞아 온기를 빼앗기고 만다.

변화가 언제 어떻게 일어날지 예측하기 어려우니 항상 깨어 있어야 한다. 지금의 안정감은 내일의 불안감을 야기할 수 있다. 목표는 바뀔 수 있다. 변화를 읽어 내려는 의지와 언제든 변화하겠다는 마인드로 민감하게 주시해야 살아남을 수 있다.

05

칭찬은 고래도 춤추게 한다

> **자기 반성은 지혜를 배우는 학교이다.**
>
> – 그라시안

'**칭찬은** 고래도 춤추게 한다.'란 화두가 사회 전반에 퍼지기 전 필자는 고래가 춤추는 모습을 구경할 수 있었다. 20여 년 전 미 텍사스 주에 있는 씨월드를 방문했을 때 고래들이 쇼를 하는 모습을 볼 수 있었다. 정말 육중한 몸을 가진 고래들이 사람을 태우고 물을 가르며 갖가지 묘기를 부렸는데 쇼의 마지막은 항상 생선을 고래에게 선물로 주고 쓰다듬어 주며 칭찬하는 모습이었다. 맞다, 칭찬은 고래를 춤추게 한다.

최근 칭찬과 쓴소리를 적절히 구사해가며 조직을 이끌어 가는 것이 리더의 모습이라고들 한다. 반면 일본 최고의 회사 중에 하나인 일본전산(주)은 칭찬보다는 쓴소리나 호통에 관심이 있다. 칭찬은 사원을 병들게 한다는 것이다. 그리고 칭찬은 누구나 할 수 있지만 호통은 아무나 할 수가 없기에 일본전산 측의 이야기도 어느 면에선 맞는 말인 것 같다. 호통을 치는 당사자는 실력도 있어야 하고 모범을 보여야 하며 당위성도 있어야 하기에 그만큼 생각도 많이 해야 한다는 것이다.

그래서 이 책을 읽는 신입사원이나 사회 초년생들은 칭찬받는 것에만 목매면 안 된다는 것이 필자의 생각이다. 오히려 진정한 리더나 상사는 나를 향해 적절하게 꾸중과 채찍, 충고를 해주는 사람이 나를 더욱 발전시켜준다는 것을 명심하자. 내가 흥이 나서 일하는 것은 칭찬일 수도 있지만 나를 다시 돌아보고 부족한 것을 다시 보완하여 재무장하게 하는 것이다. 그것은 상사나 선배의 쓴소리일 수도 있다. 칭찬하는 선배나 상사에게만 매달릴 것이 아니라 나에게 쓴소리를 한 상사나 선배의 눈높이를 맞추어 보려고 노력을 해보자.

대부분 쓴소리의 대가들은 업무에 있어서는 감성적이기보다는 이성적일 가능성이 크고 대인관계가 그다지 좋지 않을 수도 있지만 업무 계획이나 추진에 있어서는 일가견이 있는 사람들이 많다. 따라서 사회생활에서 칭찬만을 좇는 해바라기가 되기보다는 상사나 선배의 쓴소리에 긍정적인 태도를 보이고 또한 내가 그것에 적극적으로 반응한다면 더욱더 발전해 나가는 나 자신을 볼 것이다. 그렇게 되면 여러분은 칭찬하는 선배와 쓴소리하는 선배, 상사 모두가 당신을 지원하는 든든한 버팀목이 될 것이며 그들은 전폭적으로 당신을 지원하게 될 것이다.

06 경쟁 두려워 말고 즐겨라

나의 유일한 경쟁자는 어제의 나다. 눈을 뜨면 살았던 삶보다 더 가슴 벅차고 열정적인 하루를 살려고 노력한다. 연습실 들어서며 어제 한 연습보다 더 강도 높은 연습을 한 번, 1분이라도 하기로 마음먹는다. 어제를 넘어서 오늘을 사는 것, 이것이 내 삶의 모토다

– 발레리나 강수진

정말 정말 값지고 멋진 고백이라 생각한다. 자신과 경쟁하는 것 그것이 강수진 씨의 고백이다. 강수진 씨의 고백처럼 내 자신이 되었건 남이 되었건 때로는 사람이 아닌 다른 대상이 되었건 우리는 경쟁을 피할 수가 없다. 아니 모든 미생물조차도 생존을 위해서 경쟁한다.

남자의 정자도 수억 개 중 끝까지 경쟁에 살아남은 하나만이 고귀한 생명을 잉태하는데 사용된다. 그럴싸한 경쟁만이 있는 것이 아니다. 일본의 고층 건물 옆, 미국의 시내 한복판 후미진 곳엔 여지없이 노숙자의 자리싸움 경쟁이 펼쳐진다.

경쟁 없이 편하게 살았던 뉴질랜드의 국조 키위는 먹을 것이 풍부한 땅에 경쟁자나 천적이 없어서 하늘을 날을 필요가 없게 되자 날개가 퇴화되었고 꼬리가 없어진 새다. 그런데 이제는 그 새는 개와 고양이가 천적이 되어 멸종 위기인지라 원주민이 보호하고 있는 실정이다.

이렇듯 경쟁을 하지 않는다는 것은 곧 퇴화된다는 의미일 수도 있다. 그것은 어떤 의미에서는 생명을 보존하고 유지한다는 의미도 있는 것이다. 허나 경쟁은 우리를 어렵게 한다. 때론 우리를 아프게 하며 지치게 하며 한숨짓게 하기도 한다, 경쟁은 스트레스의 주범이라고 말한다. 성경에서도 최초 살인사건은 경쟁 때문에 발생했다.

그렇지만 그것이 싫어 피해 다닌다고 경쟁이 없어지는 것은 아니다. 학교생활이 경쟁의 연습 무대라면 사회생활은 실전 무대다. 모두가 경쟁자며 모든 분야가 경쟁이다.

기업도 경쟁에서 살아남고 경쟁 우위에 있으면 종업원이 상대적으로 압박감이 줄어들어 좀 더 편안한 직장생활을 할 수 있을 것이다. 다만 이런 것은 지속되지 않는다. 계속 경쟁을 염두에 두고 다음 경쟁을 준비해야 한다. 따라서 이왕 경쟁할 것이면 즐겁게 행복하게 했으면 한다.

경쟁을 누리기 위한 5가지 방안

첫째, 열심히 잘 그리고 즐기며 경쟁하라.

경쟁에서 열심히 하는 사람은 잘 하는 사람을 이길 수 없고, 잘 하는 사람은 즐기는 사람에게 절대 이길 수 없다고 한다. 무엇이든 즐기면서 하는 사람은 이길 수 없다. 여기서 즐기는 사람이란 열심히 그리고 잘 하면서 즐겁게 하는 사람이다. 즐기는 사람은 열심히 그리고 잘 하지 않는 사람은 없다.

반면 열심히 하거나 잘 하는 사람이 즐기면서 한다는 보장은 없다. 예를 들면 어떤 마라토너가 마라톤 우승 후 "이제 두 번 다시 뛰고 싶지 않다. 그리고 달리는 것이 너무 괴로워 마주 오는 차에 뛰어들고 싶었다."라든지 복싱 경기 후 "나는 가정 형편상 어쩔 수 없이 했다." 등의 고백이 그런 것일 것이다. 하지만 요즘 인기 스포츠를 중심으로 점차 즐기는 사람들이 많아진 것은 사실이다.

열심히, 잘 그리고 즐기며 임한 우리 시대의 최고의 연주가를 보자. 그 이름은 아시다시피 정경화 씨다. 이 정 씨 집안은 우리나라 대표적인 음악 가족인데 특히 정경화 씨는 바이올리니스트로 세계가 부러워하는 연주가다.

여기저기 나와 있는 바이올리니스트 정경화 씨의 에피소드를 보자.

① 1950년대 초반 언니가 바이올린을 배우고 있었다. 옆에서 소리를 듣던 동생에게 선생님이 이야기했다. 너도 언니처럼 연습을 해라. 5번 연습할 때 바를 정 자를 하나씩 쓰면서 연습해라. 다음에 선생님이 그 방에 왔을 때 방

전체 벽면이 바를 정 자로 쓰여 있었다.

② 1990년대 초반 김동건 아나운서가 정경화 씨에게 질문하였다.

"만약 다시 태어난다면 어떤 일을 하고 싶으십니까?" 정경화가 대답했다. "다시 태어나도 바이올린을 하고 싶어요." 김동건 아나운서가 다시 질문했다.

"지금도 이렇게 훌륭한 연주자이신데 왜 또 바이올린을 하시려고 합니까?"

다시 정경화가 대답했다. "지금보다도 더욱더 잘 하고 싶습니다."

③ 1990년대 말까지 일본이 한국에게 유일하게 부러운 것은 단 하나 정경화의 연주였다고 한다.

④ 1972년 로린 마젤이 지휘하는 베를린 방송 교행악단과의 협연으로 어려운 스트라빈스키 곡의 연주를 끝마쳤을 때 청중들이 열광적인 기립박수를 쳤는데 박수를 친 시간이 5분이 넘었다.

정경화 씨가 접하는 예술은 우리가 하려는 일과는 다른 것일 수도 있지만 우리도 열심히, 잘 그리고 즐기는 것을 배워야 하지 않을까?

둘째, 가급적 윈윈하는 방법을 택하라.

축구나 마라톤에도 조커가 있다. 조커는 스트라이커를 돕고 마라톤에서는 1등 주자를 돕는 역할이다. 그러나 내부적으로는 알게 모르게 경쟁도 한다. 본연의 업무를 떠나 내부 경쟁에만 치우친다면 전체 게임 판에 악영향을 끼치고 결과도 좋지 않게 나타날 것이다. 이는 분위기 침체를 가져오고 오히려 조직과 개인에게 부메랑이 되어 돌아올 수 있다. 스포츠뿐만 아니라 일에 있어서도 가급적 윈윈 포인트를 찾아보자. 분명 찾으면 최적점이 있을 것이며 이는 시너지 효과가 유발되며 서로 우 상향 하는 결과가 도출될 것이다.

셋째, 선의에 경쟁을 하라.

2014년 월드컵 경기 때 수아레스는 상대 선수의 어깨를 물어 퇴장 당했고 이후 팀은 그 경기 이후 전략 약화 요인이 되어 결국 다음 스테이지에 도전을 못하고 짐을 싸게 되었다. 한 선수는 브라질 주전 공격수의 등을 니킥을 가해 퇴장 당했고 양팀 모두가 전력 공백으로 다음 경기부터 대패를 했다.

경쟁은 피할 수 없고 또 이겨야 하지만 선의의 경쟁은 박수를 받을 만하고 칭찬을 들을 만하다. 그리고 사람들은 시간이 지나도 이긴 자들보다 선의의 경쟁을 펼친 자들을 더 기억하게 된다.

넷째, 경쟁을 피할 수 없고 이겨야 하는 경쟁이면 꼭 이겨라.

일단 이기고 보자. 이런 말을 들어본 적이 있을 것이다. 게임이든 내기든 공부건 스포츠건 경쟁하면 루저(loser)가 되는 것보다 위너(winner)가 되는 것이 마음 편하다는 것은 부정할 수 없는 사실이다. 불법이 아니라면 정상적인 경쟁에서 이기는 것이 바로 경쟁의 생리이다. 비즈니스 사회에서는 특히 루저의 등식은 도태와 통한다. 경쟁에서 밀리면 도태되는 것이다. 우리나라의 국가 경쟁력도 마찬가지이다. 국가 경쟁력이 뒤지면 당장은 아니더라도 몇년 후 몇십 년 후 우리 후세들에게 고통으로 돌아올 수 있다. 사회에 첫 발을 내디딘 초년생들도 가급적 해야 하는 것이 경쟁이라면 이기라고 권하고 싶다.

다섯째, 최선을 다해 경쟁에서 졌다면 깨끗하게 인정하고 다음 경쟁에 대비하라.

우리나라 전사 사례를 소개한다. 6.25 전쟁이 한창이던 1951년 중반, 워커 사령관 사망 이후 미8군 사령관을 맡게 된 밴 플리트 사령 관은 서울 회복 후 북상을 거듭하다 적의 대규모 공세로 1차 방어선 을 내주고 2차 방어선을 철저히 준비하여 적군의 춘계 대공세를 포격 으로 꺾었다. 이것이 다름 아닌 전사에도 남은 유명한 '밴 플리트 포 격'이라 한다. 만약 1차 방어선을 되찾으려고, 1차에서 밀리지 않으려 고 온힘을 다했다면 막을 수 있겠으나 피해는 엄청났을 거라고 말한 다. 2차 방어선 구축을 위해 1차 방어 실패를 깔끔하게 정리하고 2차 방어선을 구축한 다음 철저히 준비하여 포격으로만 적을 3만 5천 명 이상 섬멸했고 이때 아군 피해는 약 900명 정도의 대승리였다. 이것 은 밴 플리트의 승리이자 인천 상륙작전 이후 6.25전쟁의 추가 남쪽 으로 넘어오는 분수령이 되었다고 전해진다.

최선을 다했다면 무엇이 문제인가? 최선을 다하지 않고 경쟁에서 이긴다는 것은 요행이고 단지 운이다. 또한 반칙일 수 있다. 최선을 다했다면 경쟁에서 이긴 것 이상으로 얻는 것이 있을 것이다. 이것을 토대로 해서 다음을 준비하면 된다. 깨끗이 인정하고 또한 승리한 경 쟁자에게 축하를 해주는 것도 마지막까지 최선을 다한 것이다.

기업도 마찬가지이다. 예산 확보나 프로젝트 수행 결과 발표 시 우 열을 가리게 되고 그 우열에 따라 많은 인센티브가 차별화된다.

필자는 실제 과제 수행에 있어서 여러 경쟁 경험이 있다. 전국 품 질 경연대회 때 대통령상을 두고 몇 개월간 경쟁한 끝에 수상한 바가 있었고, 당시에는 최선을 다해 수상을 받았기에 이루 말할 수 없이 기뻤다. 그러나 최선을 다했으나 결과가 그리 만족하지 못할 때도 있 었다.

또 과거 필자는 대규모 프로젝트 팀을 수행하는 단체와 필자 개인 프로젝트가 회장상을 두고 경합을 벌인 경험이 있다. 본선 통과를 성공한 두 과제 중 단체 팀은 임원을 포함한 20명 이상이 참여했고 당시 파격적인 내용으로 대규모 홍보를 하였다. 한마디로 멋진 자료로 어필하였다.

다른 하나의 과제는 대리시절 저자가 단독 출시한 과제였는데, 해당 제품의 수율 효과와 회사 이익 측면, 품질 등에서 개인 아이템이 긴 하나 압도적으로 단체 팀을 앞섰다. 하지만 결국 시상은 단체에 돌아갔고 그 단체와 단체의 리더는 큰 상금과 리더들이 1계급 특진이라는 영예를 안았다. 필자는 부회장상으로 만족해야 했다. 당시는 서운한 마음도 있었지만 그 결과에 만족하고 오직 그 과제가 잘 확산되고 안착되어 전체 제품에 적용하는데 집중을 하였다.

이후 필자의 과제는 해당 제품의 수율이 3~5% 이상 상승하는 성과를 얻게 되어 전체 라인에 적용하게 되었고 그 결과 적용 제품의 수율이 3% 이상 상승하였다. 돈으로 계산하기 어려운 엄청난 경영효과를 올릴 수가 있었다. 그리고 계속되는 제품개발에도 그 공정의 컨셉트가 적용되고 있다.

이후 그 과제로 인하여 크고 작은 상을 받게 되었고 시간이 지나면서 오히려 칭찬과 격려 속에 갖가지 실적을 도출하여 직장생활 제2의 전성기를 맡게 되었다. 그렇다. 필자의 샘플이 아니더라도 존 맥스웰의 책『태도』에서 표현한 '과거 태도의 합이 오늘의 나이다.'라고 표현한 것처럼 최선을 다하되 경쟁에서 졌다면 인정하고 다음을 차분히 준비하는 것, 그것이 경쟁을 즐기는 방법 중 하나라고 추천한다.

07

좋은 생각

'좋은 생각은 올바른 행동을, 올바른 행동은 바른 습관을, 바른 습관은 바른 인생(운명)이 되게 하며 바른 인생은 영혼을 살린다.' 라는 말이 있듯이 순간순간 우리의 생각이 부분의 삶을 이끌며 그 부분이 모여 전체의 삶이 된다는 것을 조금은 인정해 보자

책의 서두에서 표현한 무조건 긍정과는 달리 되도록 아름답고 따뜻하고 미소 짓는 생각을 하자는 것이다. 울화통 터지고 억울하며 용서하지 못하는 것과 아쉽고 괴로운 생각은 나를 울적하게 만들고 조

직과 나아가서는 사회를 병들게 할 수도 있다.

이런 것 역시 나쁜 생각에서 출발한다. 필자 자신이 풍요롭고 형통한 삶을 살지는 않았지만 우리가 주어진 생활 속에서 좋은 생각으로 살아간다는 것은 이미 풍요로운 삶이며 그것은 신의 선물이자 축복이 아닐까 생각한다.

시중에 20여년 간 독자들의 사랑을 받아온 월간『좋은 생각』이란 잡지의 발행인은 "좋은 생각만 합시다."와 "감사합니다." 라는 두 마디를 요약하여 잡지를 창간 발행하였다고 한다.

필자도 몇 년 동안 월간 단위로 발행되는 이 책을 구독한 적이 있고 지금도 구독중이다. 이 책은 매월 주어지는 책의 제목을 중심으로 크고 작은 감동적인 이야기와 다양한 글들이 실린다. 무명의 기고자들, 아마추어 시, 단편문학, 수필 등 책은 얇지만 세상속의 이야기가 들어 있다. 때론 고통을 극복한 수기나 용서하지 못한 사람을 용서하는 것, 잊혀진 일에 감사하는 것 등 정통 시중 잡자나 서적과는 달리 사람 사는 느낌이 나는 좋은 책이다. 글을 쓰는 기술이나 기법이 특별하진 않지만 감동적인 이야기가 많다. 이 책을 통하여 많은 사람들의 이야기를 접하며 때론 감사와 행복 때론 이름 모를 기고자와 함께 작은 슬픔을 나누기도 한다.

이 책을 읽는 직장생활 새내기한테도『좋은 생각』이란 잡지를 소개하고 싶다. 그 책에 참여한 사람들이나 읽는 사람 그리고 함께 감동받은 사람 역시 이미 좋은 생각을 하고 있는 사람들이란 생각이 든다.

어쨌든『좋은 생각』이라는 잡지는 나나 독자들의 인생 가이드가될 것이며 나를 아름다운 영혼까지 안내하는 도우미가 될 것이라 믿는다. 오늘 이시간도 너무 촉박하지 않게 마음속에 행복하고 따뜻한 그리고 부드러운 생각으로 차근차근 채워보자.

생각 → 행동 → 습관 → 인생(운명) → 영혼

좋은 생각을 하게 하는 10가지 행동

① 하루하루 스스로 반성한다.

② 진정으로 일과 주변을 사랑한다.

③ 남의 이야기에 귀 기울인다.

④ 현재 상황에 감사하고 감사한 일을 찾아 감사한다.

⑤ 힘들고 어려울지라도 웃는 시간을 가져본다.

⑥ 가끔 내 머리를 쓰다듬으며 수고했다고 격려한다.

⑦ 누구건 어떤 일이건 용서하려고 노력한다.

⑧ 낯선 곳으로 가족과 함께 여행을 떠난다.

⑨ 작은 일이라도 남을 도와준다.

⑩ 양서를 가까운 곳에 배치하고 수시로 읽고 묵상한다.

08 지금의 나를 즐기며 만끽하라

나름 온라인에서 유명한 경매박사라 통하는 사람의 어드바이스를 옮겨본다

고산에는 꼭대기가 있고 멋있고 웅장하며 정상 정복으로 인한 희열을 준다. 하지만 바람이 세차고 설 곳이 좁아 춥고 위험하다. 체력은 고갈되어 주변 사람이 있어도 미소를 짓기가 어렵다. 그리고 쉴 곳도 없어 오래 있지 못한다. 그래도 쉴라치면 다음 사람이 계속 올라오기에 점점 자리가 좁아지고 먼저 올라온 사람은 비켜주는 것이

예의 아니던가? 그래서 꼭대기는 정복의 기쁨은 잠시고 올라왔던 길만큼 다시 내려가야 한다. 그러니 너무 꼭대기만 좋아하지 말고 있는 곳에서 아니 전진하는 그 자체만으로 때론 만족하자.

조종사였다가 지금은 경매사인 후배는 일반인 누구보다 공간적으로 높이 올라간 경험이 많은 친구라 그런지 그가 취중에 흘린 말이긴 하지만 그날 밤 그가 한 말들은 나의 뇌리를 떠나지 않았다. 가뜩이나 삼성반도체 내 경쟁의 틈바구니에 끼여 있는 나에게는 그 말이 무척 뼈있는 말이었다. 다음 날 나는 다시 그 후배에게 전화를 걸어 어제의 이야기를 다시 해달라고 부탁했는데, 후배는 기억을 못했고 이후 몇 주만에 생각났다며 그 이야기를 해 주었다. 후배가 한 말이지만 우리의 사회생활 아니 인생 여정도 동일할 것이라 여겨진다.

몇 년 전 팀원들과 설악산 대청봉을 등반한 적이 있다. 팀장 시절 팀원들에게 무박2일 산행을 제안하였고 평일 황금 연휴였지만 나를 믿고 따라와 준 팀원들을 이끌고 기흥에서 업무를 마치고 밤에 출발하여 한계령에 새벽 3시에 도착했다. 그리고 한계령부터 대청봉, 설악동까지 내리 16시간을 등반하였다. 나를 뺀 모두가 대청봉 등반 경험이 없었기에 등산이 힘들다고 참석율이 낮아질까 걱정이 되어 설악산과 대청봉 등반의 가을 매력에 대해 충분히 과장을 했고 등산도 그리 힘들지 않다고 설명하였다. 또한 나는 이미 그곳을 5회나 다녀왔다고 너스레를 떨어 드디어 팀원들이 움직이게 되었는데 그야말로 깜깜할 때 출발해서 깜깜할 때 도착하는 강행군이었고 16시간 이후 설악동에 도착한 팀원들은 절뚝거리며 쓰러져가는 패잔병 모습 같았다. 생애 최초 대청봉 등반이라는 수식어를 붙이는 팀원도 있었지만 어떤 팀원은 너무 힘들어 후회하는 팀원도 있었다.

청명한 가을 하늘, 멀리 보이는 바닷가, 계곡, 설악의 단풍은 얼마나 고운가? 그런데 팀원들은 오직 대청봉을 넘느라 너무 힘들어 했고 아무것도 본 게 없고 기억이 없다는 것이다. 오직 앞만 보고 정상을 향하여 무작정 뒤처지기 싫어 걸었고, 아픈 무릎을 끌고 설악동까지 왔다는 것이다. 사전 예약, 준비물, 교통 등 철저한 준비를 했건만 우리는 산에서 순간순간 맞는 광경을 제대로 즐기질 못했던 것이다. 오직 목표만 바라보고 걸었을 뿐이다. 감정과 시선 그리고 기분까지도 너무 목표 지향적이어서 그 귀한 평생에 한두 번 경험하기 힘든 그런 즐거운 과정을 잃어버린 것이다.

이는 사회생활에 있어서도 마찬가지이다. 신입으로 사회 초년생으로 출발하여 사장을 목표로 두고 일에 임한다면 패기는 좋지만 그것이 목표의 전부가 된다면 10년 20년이 지나고 나서 돌아보면 과정의 순간순간은 어디가고 현재의 모습에 후회할지도 모르는 일이다.

설사 사장이 되겠다는 신념으로 피나는 노력을 할지라도 그 과정에서 주어지는 모험과 스릴, 기쁨을 맛보며 그 순간을 만끽하였으면 한다. 자기가 목표로 한 길은 아직 미치지 못할지라도 때론 멈춰 쉬기도 하고 돌아보기도 했으면 한다. 현재 그 위치에서 시행착오도 경험하고 그것을 복기함으로써 배워가는 시간을 가져보자. 가끔은 좌우 옆도 돌아보며 색다른 경험도 해 보자.

필자가 팀원들과 등반할 때 정상정복이라는 목표에만 매달려 설악산의 멋진 단풍들과 먼 계곡, 동해바다와 다이나믹한 절벽을 구경조차 하지 못하고 내려오는 그런 여정이 아닌 정상에 오르내리는 그 시간과 과정 자체를 소중히 여기자. 정상정복은 외롭고 힘든 길이지만 여유를 갖고 그 자체를 만끽해 보자. 그러면 정상을 향해 가는 발걸음이 더욱 가벼울 것이며 정상에 서는 그 기쁨은 더할 것이다.

09 우리로 산다는 것

나 자신의 삶은 물론 다른 사람의 삶을 삶답게 만들기 위해 끊임 없이 정성을 다하고 마음을 다하는 것처럼 아름다운 것은 없다.

— 톨스토이

나의 목표, 나의 욕심, 나의 길만을 위해서 다른 사람에게 상처 주고 누르는 일이 없었으면 한다. 경쟁의 사슬을 피해갈 수 없지만 되도록이면 서로 윈윈할 수 있는 방법을 찾아 실행해 보자. 대기업들도 우주산업, 대규모 장치산업, 신규 바이오산업, 건설 플랜트 등 서로 윈윈을 위해서 부족한 부분을 서로 보완해 주는 행위를 함으로써 윈윈하려고 하는 사례를 자주 볼 수 있다.

개인도 마찬가지이다. 자기 개인만을 위한 노력과 집중, 이것들은 어느 수준까지는 가능하지만 혼자만의 힘으로는 이 복잡하고 다양한 시대를 따라가기가 버거울 것이다. 그러므로 미래에는 협력(Co-work)이 필수이며 이를 위해서는 동료와 조직, 상사들과의 소통, 관계를 잘 유지해 나가는 것이 좋다.

본인은 모르지만 팀장이나 상사 그리고 팀원을 직접 관리하는 관리자는 직·간접적으로 그 사람의 태도, 인격, 성향, 언행 의도, 업무의 Co-work 능력 등에 주목하고 항상 관찰한다. 일부로 관찰하려고 하는 것이 아니다. 하지만 우연히 모여지고 수집된 정보들은 그 사람을 판단하는 기준이 되며 평가나 승진이나 발령 시 이를 활용한다. 조금은 비열한 것 같지만 상사나 관리자는 사람에 관한 결정적인 판단 시 업무 실적과 그 사람의 지식으로만 평가하지 않는다.

그러므로 너무 나 자신만의 이익을 위해서 주장과 고집을 부리지 말고 조직과 공동을 위해서 정성을 다해 보자. 바람직한 욕심은 서로에게 최상의 이익과 행복을 가져다주지만 사회생활이 모두가 그런 상황만이 있는 것이 아니므로 최선을 다해 그것을 지향하도록 하자.

참고로 신입사원뿐만 아니라 중견사원도 『회사가 알려주지 않는 50가지 비밀』(신시아 사피로 지음)이란 책을 읽어보길 추천한다. 필자도 몇 년 전 경험한 책으로 아직도 책상에 놓여 있고 가끔 보기도 한다. 이 책은 상사나 중역들의 자연스러운 행동 의도가 적혀있는 책으로 사회 초년생, 신입사원뿐만 아니라 중견사원, 간부까지도 알아두면 좋은 이야기들이 실려 있다.

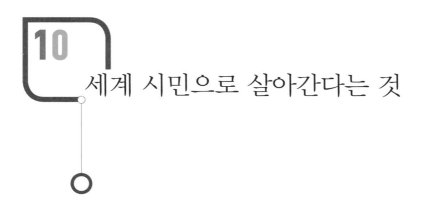

10 세계 시민으로 살아간다는 것

1960년 우리나라의 GDP는 에티오피아, 필리핀의 4분의 1 수준에 불과할 정도로 세계 최빈국이었다. 경제개발 초기 단계에 우리나라는 차관 외교를 통해 외국으로부터 경제 발전 자금을 원조받아 수출 위주의 산업정책을 실행할 수 있었다. 특히 중화학공업 및 첨단산업은 무역 혜택이 없었다면 성공하기 어려웠을 것이다. 한때 IMF 위기를 겪기도 했으나 지금 우리나라는 ODA(Official Development Asistance, 공적개발원조)의 역사에서 유일하게 원조 수혜국에서 원조 지원국으로 탈바

꿈한 나라다.

그런데 우리나라만 혼자 잘 먹고 잘살면 좋을 것인가? 선진국의 1명이 먹는 음식량은 빈곤국의 4명을 먹여 살릴 수 있는 정도이며, 우리가 500원씩만 모아도 빈곤국 사람들이 한 달간 먹을 음식을 살 수 있다고 한다. 최근 비행기나 영화관에서 유니세프 방송을 하는 것도 다 이 이유일 것이다.

우리나라는 후기 산업사회 그리고 고부가가치 산업으로 이동한지 이미 오래다. 미군에게 초콜릿을 달라고 손을 내밀었던 빈곤국 대한민국은 이제 세계를 선도할 위치에 섰다. 태권도나 가르치면서 우리의 문화를 원조 수혜국에 주입하기보다는 그들의 문화적 기반 아래 그들이 원하는 만큼의 경제, 문화, 지식 등 개발을 도와야 할 것이다.

이미 많은 나라가 우리의 원조를 받고 있지만 세계 시민으로서의 역할은 더욱 강화되어야 한다고 생각한다. 그러나 그것을 활용하여 과거 침략국들이 했던 행위와 동일하게 다른 나라에 대해 월권을 해서는 안 되며 단지 조력자 역할을 하였으면 한다. 이를 필자는 '세계 시민 의식'이라고 정의하고 싶다.

자신만 생각하는 편협하고 개인적인 사고에서 벗어나 공존 공영의 정신으로 시야를 넓히되 그들에게 맞게 낮은 자세로 눈높이를 맞추었으면 한다. 약육강식의 제로섬 게임이 아니라 함께 윈윈할 수 있는 방안을 찾아 작은 것부터 실행해 보았으면 한다.

이 책을 읽는 여러분도 세계 시민 의식 갖추기에 동참했으면 한다. 여러분도 이제 내가 속한 조직이나 회사 외에도 물 부족, 원자력 과잉 사용, 종교분쟁, 인종분쟁, 노인문제, 에너지 문제, 환경문제 등에

도 관심을 보이며 참여할 부분은 참여하고 나설 수 있는 부분은 나서
보았으면 한다.

11

일상탈출, 여행을 떠나자!

> 여행이란 일상에서 영원히 탈출하는 것이 아니다. 좀 더 새로워진 나를 만나는 통로
> 이며 넓어진 시야와 마인드, 가득 충전된 에너지를 가지고 일상으로 돌아오게 하는
> 것이다.
>
> − 아네스 안

가끔 회사 후배들이나 학생들에게 물어본다. 때로는 나 자신에
게도 묻는다.

"은퇴 후에 무엇을 하는 것이 꿈인가?"

이 질문에 많은 사람들이 '여행하면서 쇼핑하는 것이 꿈이다.' 라
고 대답한다. 아마 팍팍한 삶에서 한 걸음 떨어져서 여유롭게 살고

싶은 것 때문이리라. 군이 사람들에게 확인해 보지 않더라도 여행이 우리에게 에너지와 활력을 주는 것은 확실하다. 특히 삶에 신선함을 더하고 세상의 변화와 다양성을 깨닫고 나 자신을 돌아보는 계기가 된다. 중견사원을 거쳐 간부가 되면 일 때문에 더욱 여행하기가 어려워질 수 있다. 더군다나 갈수록 치열해지는 경쟁의 틈바구니 속에서 마음 편히 여행을 즐기기란 쉽지 않은 일이다.

그러니 틈틈이 그리고 미리미리 여행을 다녀보자. 여행하기에 가장 적절한 시기는 사회 초년생 시절이 아닌가 싶다. 여러 가지 여건이 맞아야 하겠지만 나름의 계획을 가지고 가까운 곳부터 여행해 보길 권한다.

여행은 단지 휴식만을 취하는 것이 아니다. 여행은 지나온 시간과 이야기하고 직접 체감할 수 있는 기회다. 예를 들면 많은 사람들이 래프팅을 하기 위해 찾는 강원도 인제의 내린천은 오대산, 방태산, 설악산 등에서 내려오는 물줄기가 합류하여 형성된 것으로 특이하게 북쪽으로 흐른다. 6 · 25 전쟁 때 강을 따라 북쪽으로 후퇴하던 리빙스턴 미군 지휘관과 부대원들은 거센 물길 속에서 강을 가까스로 건넜지만 대기하던 공산군의 기습공격으로 거의 전멸하고 말았다. 당시 리빙스턴의 유언으로 그의 부인이 사재를 털어 여기에 다리를 놓았다. 지금은 많은 사람들이 내린천에서 래프팅을 즐기며 '리빙스턴교' 근처를 지난다. 수십 년 전 역사의 현장 속에서 다리는 조용히 그 이야기를 전하고 있다.

이렇듯 우리는 여행을 통해 보이는 아름다운 경관 이상의 것을 얻을 수 있다. 몇 년 전 삼성 어느 사장님이 퇴직 후 중국을 장기간 여행하며 쓴 책을 읽은 적이 있다. 『삼국지 리더십』인데 이 책은 중국의 삼국시대의 역사적 중심지를 방문하며 직접 찍은 사진과 그 장소의 의미 그리고 리더십에 응용할 수 있는 옛 상황을 현재에 맞추어 전해주었다. 나름 책도 의미가 있었고 책을 쓴 사장님의 퇴직 후 활동도 귀감이 되지 않나 싶다.

꼭 목적을 이루려는 여행이 아니어도 좋다. 왜 가는지 몰라도 좋다. 그냥 편하고 즐겁게 여행해 보는 것도 좋지 않은가. 분명 여행은 신선한 에너지를 주며 자신의 존재를 느끼게 해 줄 것이다. 회사에서 가끔 강의에 나설 때 먼저 세계지도를 보여주면서 내가 가보았던 곳, 가보고 싶은 곳을 표시하며 공유한다. 서로 여행 경험을 공유하고 느끼면 언젠가 가보고 싶은 곳이 생기게 되고 동기 부여가 되기 때문이다.

직장생활을 하면서도 간절히 가보고 싶은 곳을 염두에 두고 있으면 기회가 찾아올 것이다. 평소에 가고 싶은 여행지를 생각해 보고 여행을 꿈꿔보자. 지금 상황으로는 말도 안 되는 생각일지라도 말이다. 그리고 나만의 여행지도를 만들어 보자. 언젠가 자기도 모르게 기대한 대로 이뤄질 것이다.

너무 복잡하게 생각하지 말고 여행 예정 계획표를 적어서 벽에 붙이고 가끔씩 쳐다보자. 필요하다면 구체적인 코스와 방문 목적을 기록해 보자. 꼭 원하는 장소에 언젠가는 가게 될 것이며 아직 못 갔다 하더라도 나에게 즐거운 동기부여가 될 것이다. 여행을 통해서 에너지를 가득 채워 삶의 중심으로 돌아오자.

12 우리 모두를 위해 기도하자

> 너희는 먼저 그의 나라와 그의 의를 구하라. 그리하면 이 모든 것을 너희에게 더 하 시리라
>
> – 성경 마 6:33

필자는 삼성반도체 기독 동아리에 가입하여 활동을 하였고 6년 동안 동장을 맡아 동아리를 리드한 적이 있었다. 회사는 365일 풀 가 동하기에 업무적으로 무지 빡빡함에도 불구하고 필자는 1주일에 한 번 점심시간에 잠시 짬을 내어 정해진 장소에서 모임을 가졌다. 어렵 지만 꼬박꼬박 모여준 동아리 회원들이 자랑스럽고 감사하다.

빌딩에는 수천 명이 근무했지만 매주 점심 때 모이는 사람은 대여

섯 명 정도…. 바쁘고 분주한 가운데 업무에 임하면서 시간을 내어 모인다는 자체가 어렵기 때문에 독실한 기독교 신자라 할지라도 모이기가 힘들었다.

중앙 모임은 에벤에셀이라는 사내 정식 종교단체가 있고 그 모임은 1주일에 한 번 연구소에서 모였는데 시간을 맞추기 위해 사내 셔틀을 타고 갔었다. QT(경건의 시간)와 기도시간을 마치고 다시 와서 회사 업무하기가 어려워 수년 전부터 동별 모임을 조직하여 별도 모임을 갖고 있다.

동별 소모임에서는 1주일에 1회 빈 회의실서 QT를 했고 함께 기도했다. 시간이 지나다보니 그때 기도했던 제목들이 거의 다 이루어졌고 현재도 진행형이다. 예를 들면 삼성반도체는 현재 세계 최고의 반도체 회사가 되었고 술·담배 문화에 대해서 항상 모여 기도했는데, 그 후로 금연 사업장이 되었다(사회적으로도 확산되고 있지만 당시는 이런 문화가 생길지 예상을 하는 사람은 별로 없었다). 술은 권유하지 말 것과 2차 금지령이 내려졌다.

또한 사원들의 신앙 참여에 대해서도 기도했는데 주5일제가 되면서 신앙인이 토요일 근무를 자원하면 주일 예배를 드릴 수 있는 여건도 마련되었다. 반도체는 격주 근무를 하기에 한 달에 최소 두 번은 누구든지 주일날 근무를 해야만 했다.

우리가 기도해서 전적으로 모든 것이 이뤄지고 있는 것이 아니라고 말하는 사람이 있을 것이지만 기도하는 사람들의 믿음은 신께서 합당하시다면 기도한 대로 된다는 것이 기도하는 이유다.

모이면 찬양과 통성기도를 했다. 각자 자신의 기도 제목뿐만 아니라 자기의 프로젝트, 직장과 사회 그리고 나라, 민족, 북한을 두고도 간절히 기도했다.

때로는 고통받는 가정을 위해 금식을 며칠 동안 한 적도 있고 때론 고통을 받는 사우를 위해서 엉엉 울면서 함께 기도한 적도 있었다. 이젠 회사를 이직하게 되어 동아리 모임에 참여할 수 없지만 그때 다른 사람을 위해서 그리고 조직과 회사, 사회를 위해서 기도했던 시간들이 행복했고 그것을 신께서 대부분 들어주신 것 같다. 시간이 지나며 순수하게 그리고 남들이 들었을 때 황당한 제목으로 기도했던 시간들이 진한 기억으로 남는다. 아직도 삼성반도체에서 에벤에셀 동아리를 생각하면 너무 감사하고 고마우며 자랑스럽다.

왠 삼성반도체 빈 회의실에 모여 회사와 북한 그리고 우리 민족을 위해서 기도하는가?

생뚱맞게 생각할 수도 있지만 이것이 바로 믿음이며 복음이다. 성경의 말씀처럼 주변 사람들의 고통에 대해서, 자기 주변에 대해서, 사회의 악에 대해서, 나라의 대소사를 위해서 믿음을 갖고 문제를 해결해 달라고 신께 기도해 보자. 그리하면 신께서는 응답해주실 것이고 신도 기뻐하실 것이다.

여기까지 읽어 주신 독자분들, 사회 초년생분들께 진심으로 감사를 드리며 경의를 표하고 싶다. 필자의 좌충우돌 사회생활 경험담과 그리고 보와 온 것들을 독자분들에게 표현하다보니 충고와 잔소리처럼 표현되었기에 죄송하기도 하고 미안한 마음도 있다.

다시 강조하지만 이 책은 성공후담도 지침서도 아닌 단지 참고서이다. 공부할 때 참고서를 보면 도움은 되지만 결국 내 방식, 내 형식에 맞게 기억하고 활용해야 내 것이 되고 좋은 성적을 거둘 수 있듯이 이 책은 그냥 부담 없이 편하게 보길 바라며 흘릴 부분은 흘리고 도움되는 것이 있다면 작게나마 관심을 가져보길 바란다.

이 책은 지식이나 학습과는 조금 다른 지혜와 조직생활, 사회생활에 대한 올바른 태도(Attitude)는 무엇인가를 표현하고자 했다.

여러 가지 해석이 있지만 지혜란 잘하는 사람들의 태도나 생각, 방법들을 따라 해봐야겠다는 생각을 갖고 실행하는 것이라 여기며 또한 잘못된 것들을 볼 때는 저러면 안 된다고 느끼면 하지 않는 것이 지혜라 생각한다. 지나보면 필자의 신입시절 나를 다그치고 체크하며 잘못된 것을 교정해주던 그런 선배(당시는 멘토라는 호칭은 없었지만)가 귀하게 느껴지고 그분들에게 감사드리고 싶다.

필자는 얼굴이 무섭게 생겼고 성격도 까다로웠을 뿐만 아니라 자존심이 강했기에 충고(Advice)해주는 선배나 멘토가 힘들었으리라 생각된다.

내가 가는 길이 맞는 길인지 바른 길인지 모르면서 열정적으로 임하다가 많은 실수와 시행착오로 인한 큰 사고도 있었고 이 때문에 사표를 내고 퇴직 절차를 밟은 적이 있었지만 그 고비를 넘기고 시간이 점차 지나자 나를 인정하는 몇몇 상사분들 덕분에 견딜 수 있었고 또한 회복할 수 있었다.

필자는 학창시절 우등생으로 분류된 사람도 아니며 좋은 대학에 축하받으며 진학하지도 않았고, 입사 후 처음부터 높은 직급과 위치에서 촉망받는 사람이 아니기에 이 책을 내는데 많은 부분 망설이게 되었다. 때문에 독자 여러분이 보는 시각과 필자의 Sample case와는 영 다를 수도 있고 오히려 현재 사회 진출한 신입사원보다 잠재력이 낮을 수도 있다고 고백한다.

우리나라에는 필자보다 훨씬 유명한 스타 직장인, 고액 연봉자, 그리고 엄청난 스펙을 지닌 능력자가 수두룩하다. 공무원 세계는 더하다. 각종 시험과 자격 과정을 통과(Pass)하여 듣기만 하여도 이미 직업적으로 성공한 조직에 몸담은 분들이 얼마나 많은가?

한 국책기관 기술 심사에 심사원 자격으로 가서 연구기관의 조직을 본 적이 있는데 그곳은 박사만 수백 명이었고 30~40% 정도의 박사는 비정규직인 것을 보고 꽤 놀란 적이 있었다. 상대적으로 부족한 내가 국책 연구기관 원장이나 부원장급 분들이 발표하는 내용을 심사한다는 것이 엄청 부담이 된 적도 있었다.

그러나 우리 사회는 지식과 학업, 시험, 자격만으로는 안 되며 창의와 혁신, 변화를 거기에 얹어야 무기가 되고 세계시장과 경쟁하는데 필살기가 될 것이라고 생각하기에 후배들에게 지식적 이야기가 아닌 삼성반도체에서의 경험과 관찰을 통한 실 사례를 말하고자 노력했다.

필자는 삼성반도체에서 말단사원에서부터 부장까지 고속 승진하여 나름 인정받으며 생활하였다. 그리고 회사생활 중에는 재직 시 이름만 대면 알 수 있는 사회적으로도 유명한 여러 사장님들에게 다양한 상을 받았고 나아가 국가 품질경영 대회에서 단체로 대통령상 2회, 개인상으로 국가품질명장 대통령상을 받는 영예도 안게 되었다.

이런 과정을 통해 자체 주어진 업무뿐만 아니라 회사 내에서 후배육성, 심사업무 등을 진행했고 관련된 국내외 기업체의 품질 컨설팅(Consulting)도 담당하였다. 이 모든 것은 필자가 평소 마음에 담고 있었던 꿈과 비전을 하나님께서 이끌어 주셨다고 믿는다.

누구나 사회에 나온 후 1년 동안 회사 내외에서 우여곡절, 좌충우돌, 진퇴양난이란 것을 겪으면서 성장하게 된다. 이 책은 오랫동안 직장생활을 한 선배로서 신입사원들이나 사회 초년생들에게 조금이라도 도움을 주고자 그동안 겪은 경험과 고민을 털어놓은 것이다. 내용 중에는 간접적으로 '이랬으면 좋았을 텐데' 하는 후회와 반성도 담겨 있다.

삼성반도체에서 보낸 24년 동안 승승장구하는 선후배들도 보았고 한쪽 구석에서 어려움에 눈물짓는 선후배도 많이 보았다. 세계 최고의 회사에 다니면서 생활하는 이들을 보면서 재미와 행복, 절망이 공존하는 공간에서 너무 기뻐 날뛸 필요도 너무 절망에 한숨 쉴 필요도 없음을 알게 되었고, 때론 숙연히 그것들을 받아들이는 자세도 중요하다는 것을 알게 되었다.

끝으로 이 책을 쓰게 하신 하나님께 감사드리며, 그리고 어릴적 멘토가 되어준 형, 기도로 후원한 가족들, 일일이 표현할 수 없지만 도와주신 많은 분들께 감사드린다.

우리에게 최고의 시간은 바로 '지금'이다. 청춘의 한가운데에 있는 때가 가장 행복한 시간이다. 지금 한순간 한순간이 모여 미래가 된다. 마지막으로 마음속에 깊이 새겨진 시를 나누면서 글을 마친다.

청춘

- 새뮤얼 울먼

청춘이란 인생의 어떤 시기가 아니라 마음가짐이다
장밋빛 볼, 붉은 입술, 부드러운 무릎이 아니라
강인한 의지, 풍부한 상상력, 불타오르는 열정을 말한다.
청춘이란 인생의 깊은 샘에서 솟아나는 신선한 정신이다.

청춘이란 두려움을 물리치는 용기
안이함을 선호하는 마음을 뿌리치는 모험심을 뜻한다.
때로는 스무 살 청년보다 예순 살 노인이 더 청춘일 수 있다.

나이를 더해 가는 것만으로 사람은 늙지 않는다.
이상을 잃어버릴 때 비로소 늙는 것이다.
세월은 피부에 주름살을 늘게 하지만
열정을 잃어버리면 마음이 시든다.
고뇌, 공포, 실망에 의해서 기력은 땅을 기고
정신은 먼지가 된다.

예순이든 열여섯이든 인간의 가슴에는
경이로움에 이끌리는 마음,
어린아이와 같은 미지에 대한 끝없는 탐구심,

인생에 대한 즐거움과 환희가 있다.
그대에게도 나에게도 마음 한가운데 무선 탑이 있다.
인간과 신으로부터 아름다움, 희망, 기쁨, 용기, 힘의 영감을
받는 한 그대는 젊다.
그러나 영감이 끊어져 정신이 싸늘한 냉소의 눈에 덮이고
비탄의 얼음에 갇힐 때
스물이라도 인간은 늙는다.
머리를 높이 쳐들고 희망의 물결을 붙잡는 한
여든이라도 인간은 청춘으로 남는다.

(국가품질 명장 14인의 메시지)

부산 YK STEEL 기판갑 국가품질명장

- 기계 정비 분야에서 36년간 재직 중
- 성공 스토리 : 36년 동안 기계를 정비하면서 설계가 잘된 설비를 보면 맛있는 음식을 먹을 때의 감정을 느끼게 된다. 그처럼 설계자의 마음과 감정을 음미하면서 정비를 해 왔다. 그 덕분에 현장 직장이란 직책을 20년 전에 받았고, 그 이후에도 열정과 정성을 다해 회사생활을 한 끝에 국가품질명장으로 임명되었다.
- 신입사원에게 전하는 메시지 : 회사가 나에게 무엇을 줄 것인가를 바라지 말고 내가 회사에 무엇을 해야 하는지를 먼저 생각하고, 맑은 정신, 밝은 마음, 밝은 표정이 인생 성공의 지름길임을 명심하기 바란다.

현대중공업 김금만 국가품질명장

- 중장비 기계조립 분야에서 34년간 재직 중
- 성공 스토리 : 장인정신으로 무엇이든 꼭 해결할 수 있고 꼭 해결된다는 믿음으로 임해 왔으며 솔선수범과 혁신, 그리고 성공을 위한 끓임 없는 노력이 산물이라 판단한다.
  그것을 인정받아 국가에서 수여한 명장칭호를 2개와 신지식인상을 수여받은 바 있다.
- 신입사원에게 전하는 메시지 : 회사의 구석구석을 내 집으로 생각하며 내 자산이라 생각한다면 올바르지 않는 모습을 지나칠수가 없다. 애정과 주인의식을 가지고 회사업무에 임하고 미래에 나와 같이 입사하는 후배들에게 부끄럽지 않는 자랑스러운모습을 남기며 자기 일에 최선을 다하는 것이 애국임을 깨달아야 한다.

한국조폐공사 김용철 국가품질명장

- 기계 설비 분야에서 34년간 재직 중
- 성공 스토리 : 나는 회사에서 실시하는 품질 활동에 소극적으로 참여하다가 2005년 사내 혁신 활동을 계기로 화폐 용지의 원가절감과 품질 향상을 위해 현장에서 문제점을 찾아내고 해결하고자 지속적으로 노력했는데, 주위 동료와 회사의 추천으로 국가품질명장이 될 수 있었다.
- 신입사원에게 전하는 메시지 : 맡은 업무에 충실하라. 그리고 그업무를 최선으로 변화시키기 위해 항상 노력하라. 왜냐하면 내

가 처리하는 업무 수준 그것이 곧 회사의 품질이며 경쟁력이기 때문이다.

한국수력발전소 방철균 국가품질명장

- 설비 운영 분야에서 32년간 재직 중
- 성공 스토리 : 작은 일에도 항상 문제의식을 가지고 장단점을 분석하면서 장점이 조금이라도 더 많다면 과감히 개선을 시도하여 새로운 방법을 도출하는 등 평소에 도전과 문제를 즐기는 생활이 명장으로 이어졌다.
- 신입사원에게 전하는 메시지 : 정보화 · 세계화 시대를 살아가기 위해서는 다양한 경험이 필요하고, 이를 위해서 영어는 필수 그 외 외국어 한두 개 정도는 더 할 수 있어야 한다. 그리고 자기 담당 분야에서 무난히 업무를 처리하기 위한 전문 지식을 함양해야 한다.

LG화학 오성영 국가품질명장

- 화학 제조 분야에서 30년간 재직 중
- 성공 스토리 : 국가품질경영대회에서 대통령상을 6회 수상하고 사내 컨설턴트(식스시그마, TPM, 테마지도, 진단위원)를 열정적으로 수행한 것이 품질명장에 이른 성공 포인트다.
- 신입사원에게 전하는 메시지 : 최근 신입사원들은 개인의 비전과 목표를 정하지 않고 생활하는 것 같다. 명확한 목표를 세우는 사람이 남들보다 더 앞서 나갈 수 있다.

LS Mtron 김우식 국가품질명장

- 화학 제조 분야에서 29년간 재직 중
- 성공 스토리 : 고난과 어려움을 묵묵히 끈기와 성실, 노력으로 이겨냈다. 좋은 결과가 나올 때까지 시도했고 많은 사람들의 도움이 더해져 결국 품질명장에 오르게 되었다.
- 신입사원에게 주는 메시지 : 자신이 하는 일에 대한 믿음이 가장 중요하고, 자기 뜻을 알리려면 성실과 노력으로 상대가 나를 이해할 수 있도록 만들어야 한다. 그러기 위해 묵묵히 진실하게 대인관계와 소통에도 관심을 기울이기 바란다.

LG화학 박창석 국가품질명장

- 기계 장치 분야에서 26년간 재직 중
- 성공 스토리 : 도전적인 사고로 작은 것부터 하나하나 노력으로 완성해 나가는 생활습관이 명장에 이르는데 밑거름이자 원동력이 되었다.
- 신입사원에게 전하는 메시지 : 먼저 회사에 스스로 동화되고 거기에서 꼭 필요한 사람이 되라고 말해 주고 싶다. 그러기 위해서 성실함과 솔선수범의 정신적인 바탕이 되어야 한다.

삼성전자 김재필 국가품질명장, 현 코스닥 상장사 경영임원 재직 중

- 반도체 설비/공정 기술 분야에서 26년간 재직
- 성공 스토리 : 늘 긍정적으로 생각하고 작은 현상들을 의문시하며 이를 해결하고자 탐구하고 묻고 실행했다.

- 신입사원에게 전하는 메시지 : 기술보다 중요한 것은 사람이다. 그리고 과정이 있으면 결과가 존재한다. 인내는 쓰고 열매는 달듯이 어려운 과정을 겪어야 하지만 결국 사람들을 행복하게 하는 것이 과정을 겪는 우리의 자세 아닐까 생각한다. 혼자 할 수 있는 일은 매우 제한적이므로 항상 협력하고 주변 사람들을 칭찬하며 살아가기 바란다. 작은 과정과 좋은 결과가 모인다면 직장생활이 더욱 즐거워질 것이다.

기아자동차 임종원 국가품질명장

- 신차 개발 분야에서 25년간 재직 중
- 성공 스토리 : 어려웠던 시절을 반면교사로 삼으면서 꿈과 비전을 버리지 않고 도전했던 것을 회사에서도 인정해 주어 지금에 이르게 되었다. 큰 꿈을 품고 스스로 이끌어 가는 삶을 살아가는 것이 성공 포인트였다.
- 신입사원에게 전하는 메시지 : 지금 가지고 있는 생각을 회사를 떠나는 그날까지 절대로 잊지 않기 바란다. 성공에 이르는 길은 자신이 하는 만큼 넓어지기 때문에 내가 조금 손해 본다는 생각으로 솔선수범했으면 한다.

한국서부발전 봉승남 국가품질명장

- 계측 제어 분야에서 25년간 재직 중
- 성공 스토리 : 항상 긍정적인 마음가짐으로 공부하고 연구하는 자세로 설비를 개선하고 열정적으로 회사생활을 하여 국가품질

명장이 되었다.
- 신입사원에게 전하는 메시지 : 항상 'why'라는 단어를 생각하고 실천하는 자세로 회사생활에 최선을 다하기 바란다.

LG화학 이영균 국가품질명장
- 설비 안전 관리 분야에서 24년간 재직 중
- 성공 스토리 : 품질 분임조 활동에 성공한 경험은 나와 분임조원 모두에게 꿈과 희망을 심어 주었고 회사 발전에도 기여했다. 작은 성공과 경험에 만족하지 않고 끊임없는 자기 계발로 2011년 국가품질명장이라는 목표를 달성했다.
- 신입사원에게 전하는 메시지 : 작은 목표를 많이 세워라. 목표를 달성하기 위해 구체적인 계획을 수립하라. 계획을 실행함으로써 작은 성공이 모여 큰 성공이 될 것이다.

한국타이어 김동영 국가품질명장
- 공정 관리 분야에서 23년간 재직 중
- 성공 스토리 : 후배들이 더 나은 직장생활을 할 수 있도록 하고 업무 개선으로 편리하고 안전한 일터를 만들어 나가는 것을 목표로 모든 열정을 집중했다.
- 신입사원에게 전하는 메시지 : 시간은 모두에게 공평하게 주어진다. 하지만 모든 사람들이 시간을 동일하게 쓰는 것은 아니며, 주어진 시간을 쪼개어 열정과 긍지를 가지고 최선을 다하는 자와 주어진 근무시간을 채우기에 급급하고 퇴근만 기다리는 자

의 10년 후는 같을 수 없을 것이다. 자신에게 투자하는 것은 당장에 힘들고 귀찮지만 멀리 보는 선견지명이 있다면 도태되지 않고 변화에 즉각 대응할 수 있는 면역력을 갖게 된다. 무한 경쟁사회에서 부디 끝까지 버텨 나가길 빈다.

SK하이닉스 임진수 국가품질명장

- 반도체 장비 기술 분야에서 23년간 재직 중
- 성공 스토리 : 지속적인 자기 계발, 구성원들과의 돈독한 대인관계를 통해 국가품질명장이 되었다. 현장의 불합리함을 해결하고 개선하기 위해 고민하고 노력하며 여러 가지 개선 기법을 공부하던 중 우연한 기회에 품질 분임조 경진대회에 출전하게 되었고 품질명장이란 것을 알게 되었다. 품질명장이 되기 위한 자격 요건을 파악한 뒤 나의 부족한 부분을 분석하고 하나씩 채워 나갔다. 그러나 개인의 활동도 중요하지만 회사 구성원들과의 협업이 더 중요함을 알게 되었다.
- 신입사원에게 주는 메시지 : 긍정적인 생각과 열정, 배려가 필요하다. 아무리 어렵고 힘든 일이라도 긍정적으로 생각하고 열정적으로 행동하면 그 일은 반드시 해결된다. 또한 어떤 일이든 솔선수범하고 다른 사람을 배려하는 마음을 갖고 있다면 어디서든 인정받고 성공할 수 있다.

SK하이닉스 오동석 국가품질명장

- 반도체 Package 장비 기술 분야에서 19년간 재직 중

- 성공 스토리 : 지금까지 나는 문제를 만나면 그 문제가 해결될 때까지 머릿속에서 그 문제를 지우지 못하는 버릇이 있다. 지금의 국가품질명장이 되고 국내 트리즈 전문가로 활동할 수 있었던 가장 큰 계기는 '이 세상에는 풀리지 않는 문제는 없다.'는 신념이 있었기 때문이라고 생각한다.

- 신입사원에게 주는 메시지 : 누군가 당신에게 "당신은 어떤 회사에 다니십니까?"

"당신이 다니는 회사는 무엇을 하는 회사입니까?"

"당신은 그 회사에서 어떤 일을 하십니까?"

이런 질문을 받았을 때 당신은 어떻게 대답하시겠습니까?

이 질문에 자신 있게 당신의 회사와 당신의 일을 설명할 수 있을 때 당신은 전문가이다.

자신이 일하는 영역에서 잘하는 당신은 우물 안의 개구리이다.

모르는 일에 도전하라. 다른 사람들이 하기 싫어하는 일에 도전하라. 자기 자신에게 도전하라. 그러면 당신은 반드시 최고의 인재가 될 것이다.